"通古察今"系列丛书

清季科举的展期与停试
——基于"制度时间"变迁的研究

贾琳 著

河南人民出版社

图书在版编目(CIP)数据

清季科举的展期与停试：基于"制度时间"变迁的研究／贾琳著. — 郑州：河南人民出版社，2019.12(2025.3重印)
("通古察今"系列丛书)
ISBN 978-7-215-12021-1

Ⅰ.①清… Ⅱ.①贾… Ⅲ.①科举制度-研究-中国-清代 Ⅳ.①D691.3

中国版本图书馆CIP数据核字(2019)第271032号

河南人民出版社 出版发行
(地址：郑州市郑东新区祥盛街27号 邮政编码：450016 电话：0371-65788077)
新华书店经销　　　　　环球东方(北京)印务有限公司印刷
开本　787mm×1092mm　　　1/32　　　印张　3.625
字数　50千
2019年12月第1版　　　　　2025年3月第2次印刷

定价：48.00元

"通古察今"系列丛书编辑委员会

顾　问　刘家和　瞿林东　郑师渠　晁福林
主　任　杨共乐
副主任　李　帆
委　员（按姓氏拼音排序）
　　　　　安　然　陈　涛　董立河　杜水生　郭家宏
　　　　　侯树栋　黄国辉　姜海军　李　渊　刘林海
　　　　　罗新慧　毛瑞方　宁　欣　庞冠群　吴　琼
　　　　　张　皓　张建华　张　升　张　越　赵　贞
　　　　　郑　林　周文玖

序　言

在北京师范大学的百余年发展历程中，历史学科始终占有重要地位。经过几代人的不懈努力，今天的北京师范大学历史学院业已成为史学研究的重要基地，是国家首批博士学位一级学科授予权单位，拥有国家重点学科、博士后流动站、教育部人文社会科学重点研究基地等一系列学术平台，综合实力居全国高校历史学科前列。目前被列入国家一流大学一流学科建设行列，正在向世界一流学科迈进。在教学方面，历史学院的课程改革、教材编纂、教书育人，都取得了显著的成绩，曾荣获国家教学改革成果一等奖。在科学研究方面，同样取得了令人瞩目的成就，在出版了由白寿彝教授任总主编、被学术界誉为"20世纪中国史学的压轴之作"的多卷本《中国通史》后，一批底蕴深厚、质量高超的学术论著相继问世，如八卷本《中国文化发展史》、二十卷本"中国古代社会和政治研究丛书"、三卷本《清代理学史》、五卷本《历史文化认同与中国统一多民族国家》、二十三卷本《陈垣全集》，以及《历史视野下的中华民族精神》《中西古代历史、史学与理论比较研究》《上博简〈诗论〉研究》等，这些著作皆声誉卓著，在学界产生较大影响，得到同行普遍好评。

除上述著作外，历史学院的教师们潜心学术，以探索精神攻关，又陆续取得了众多具有原创性的成果，在历史学各分支学科的研究上连创佳绩，始终处在学科前沿。为了集中展示历史学院的这些探索性成果，我们组织编写了这套"通古察今"系列丛书。丛书所收著作多以问题为导向，集中解决古今中外历史上值得关注的重要学术问题，篇幅虽小，然问题意识明显，学术视野尤为开阔。希冀它的出版，在促进北京师范大学历史学科更好发展的同时，为学术界乃至全社会贡献一批真正立得住的学术佳作。

当然，作为探索性的系列丛书，不成熟乃至疏漏之处在所难免，还望学界同人不吝赐教。

北京师范大学历史学院
北京师范大学史学理论与史学史研究中心
北京师范大学"通古察今"系列丛书编辑委员会
2019年1月

目　录

前　言 \ 1

一、关于"展期"的几个问题 \ 6

（一）科举试期的定型 \ 9

（二）清代科举"展期"的成因与类型 \ 16

（三）清代科举"展期"的纵向时间分布 \ 30

二、己亥庚子之变：从制度性展期到非制度性展期 \ 36

（一）作为制度性展期的"万寿开科" \ 36

（二）非制度性展期："春乡秋会，人心益乱" \ 41

三、联军入都："北方议停，南省归并" \ 47

（一）京师：停科的提出 \ 52

（二）西安行在："补救一分是一分" \ 59

（三）东南诸省：再次展期，"恩正归并"\61

四、内外胶着：辛丑展期的中枢阻隔\66

（一）辛丑展期的提出\66

（二）"元电"回复：两江打头，其余效仿\70

（三）"停办乡试有碍大局"：张百熙"驳议"\75

（四）晋省"拟恩仍缓一届"：岑春煊"介入"\78

（五）"宥电"回复：督抚再欲弥缝，仍观江鄂脸色\82

五、开遮心迹：辛丑展期的督抚促成\88

（一）江楚会商，最终"摊牌"\88

（二）尘埃落定，不免余憾\93

参考资料\97

前　言

本书部分内容出自笔者2011年5月完成的硕士学位论文，这次得以出版首先要感谢所在单位和出版机构提供的这次机缘，并感谢在自己学术成长过程中给予关心和帮助的虽然难以尽数罗列但却一一铭记在心的各位师长。1942年陈寅恪在给朱延丰《突厥通考》所撰序言中提到："朱君延丰前肄业清华大学研究院时，成一论文，题曰《突厥通考》。寅恪语朱君曰，此文资料疑尚未备，论断或犹可商，请俟十年增改之后，出以与世相见，则如率精锐之卒，摧陷敌阵，可无敌于中原矣。盖当日欲痛矫时俗轻易刊书之弊，虽或过慎，亦有所不顾也。朱君不以鄙见为不然，遂藏之箧中，随时修正。迄于今日,忽已十年。"[1] 本书出版距学位论文完成已历八载,"十年"之期倏忽将近,"精锐之卒"迁延未成,虽其中一些部分或有资料增改与言说调整,但大体论述未有实质性更动,是故此次出版应是要"抱愧于中原"的。

其次,本书的主要内容与大致思路具体如下。科举展期首先对科举考试的"宋元定制"起到了关键的促进作用,即使到了清代乾隆朝,科举展期仍一度发挥正效应,由一种应急机制内化为科举制度的组成部分。但总体来看,清代科举展期不仅是科举制度衍生出的一种弹性应变和自我修复机制,而且它在某些情况下能够反作用于科举制度母体并导致其结构性的改变。清代科举展期成因类型复杂多样,且比例较高地以突发性展期形式出现,并在时间上呈现出三个高峰期:"三藩之乱"时期、"咸同军兴"时期和"光绪庚辛"时期。与前两个时期相比,清季"光绪庚辛"时期虽然在持续时间上相对较短,但是其展期牵涉原因之复杂、展期强度之大、展期层级之高,则是前两个时期

---

[1] 陈寅恪:《朱延丰突厥通考序》,陈寅恪著,陈美延编:《寒柳堂集》,生活·读书·新知三联书店,2001年,第162页。

所难以企及的,其影响程度也达到有清一代所未有。本书主体部分即以此为考察对象,从"制度时间"变迁的视角呈现了清季科举展期的复杂过程及其与当时政治、经济、文化、社会的因应关联,进而透视出清季科举考试的变迁轨迹以及时局与国运的趋向讯息。

此外,在本书前言中还想就制度时间变迁的相关研究略作说明。关于线性制度时间生成与现代性的关联,国内外学界已经开始关注并取得一些成果,[1] 在此我们且不去讨论循环制度时间的消解与线性制度时间的建构是否与现代性有所关联。其实仅就本书所涉及的科举试期这一循环制度时间的形成、扰动与趋于消解的过程来看,其中便体现出诸多因素的作用和影响,尤其是中外政治博弈与内外各方妥协所产生的甚至连

---

[1] 关于制度时间的相关研究参见 Maurice Bloch, The Past and the Present in the Present, *Man*, New Series, Vol. 12, No. 2 (Aug., 1977), pp. 278—292; J. David Lewis and Andrew J. Weigert, The Structures and Meanings of Social Time, *Social Forces*, Vol. 60, No. 2, Special Issue (Dec., 1981), pp. 432—462。值得注意的是,美国的赫舍尔(Abraham Joshua Heschel)在《安息日的真谛》一书中提出"时间的建筑学"与"圣化时间"命题,虽然该书提到宗教观念中的线性时间问题,但作者并未就此与现代性进行关联。参见〔美〕赫舍尔著,邓元尉译:《安息日的真谛》,上海三联书店,2013年。

当事人都意想不到的或者说"不期然而然"的作用和影响。因而如果单纯就科举试期这一循环制度时间的变迁过程来看，似乎还难以将其与"全球现代性"在中国的在地化展开完全进行对应和接榫。

最后，这里不得不再对历史的"不期然而然"略作引申。如果化约来讲，人类历史上至少存在三种意义迥然不同的历史逻辑：第一种是历史的"自然逻辑"，第二种是历史的"人为逻辑"，第三种是人为的"历史逻辑"。前两种是借用王家范先生的说法；其实用唯识学的观点，称之为"业力种子"（前两种）与"名言种子"（后一种）也许更为剀切。历史的"自然逻辑"为历史所本有，外在于人类理性与知性；它遵循着自身的脉动（或者借用康德所说的"自然意向"）运行不息。而人类总想廓清历史的云遮雾障，将其中的只鳞片羽内化为自身的生存经验，于是就有了历史的"人为逻辑"（实践层面）和人为的"历史逻辑"（文本层面）。且不说文本层面的人为的"历史逻辑"会因各自对史料把握的分寸、思想认知的深浅以及生命体验的广狭不同而呈现类似"历时常新，有加无已"的态势，即使是实践层面的历史的"人为逻辑"也不是任何个

前言

人或群体所能主观设定,它在很大程度上取决于一种"合力的带动"(在特定时空中,所有自然力和社会力的总矢量和),即虽然人人都参与了历史,却无法或不一定知道主体参与的选择将落到何方。因此,从历史的"人为逻辑"这个意义上说,当事人并不比后来者更能"还原"历史的真实(从这一角度说,"地下之实物"也并不一定比"纸上之遗文"更来得真实);而从人为的"历史逻辑"这一意义上说,所谓真实的历史,也许只有在认识论的意义上才能相对真实地存在。

书前略述数语,权作前言兼表致谢。[1]

---

[1] 本书部分内容亦得到"中央高校基本科研业务费专项资金资助"(supported by the Fundamental Research Funds for the Central Universities)北京师范大学青年教师基金项目(2018NTSS15)相关研究的支持,特此鸣谢。

一、关于"展期"的几个问题

科举考试对于中国古代政治运作、文化传承与社会稳定的重要意义不言而喻。即使到了晚近,丁韪良(William A. P. Martin)仍然认为科举考试"对于国家起了一种安全阀的作用"[1]。然而,科举考试通常会遇到一些不可抗力因素导致其无法在制度文本所规定的时间举行,官方需要有一种应对措施或应对机制,对既定的试期在时间上进行调整,以延展举行的方式最大程度保证科举考试效应的发挥,官方的此种行为机制即所谓"展期"。清代科举"展期"不仅是科举制度衍生出的一种弹性应变与自我

---

[1] 〔美〕丁韪良著,沈弘等译:《汉学菁华:中国人的精神世界及其影响力》,世界图书出版公司北京公司,2010年,第218页。

一、关于"展期"的几个问题

修复机制,而且它在某些情况下能够反作用于科举制度母体并导致其结构性的改变。需要说明的是,本书在对科举"展期"进行考察时,主要选取乡、会试作为研究样本,而较少涉及科举考试链条两端的童试和殿试,尤其是童试(通常包括县试、府试和院试),[1]这主要是基于童试在全局范围内的政治与文化影响力相对弱小以及殿试浓重的象征意味。清代乡、会试之后虽尚有殿试,但殿试在通常情况下基本"不黜落"[2],也就是说会试取中者一般皆为殿试取中(虽名次有差),这种殿试在取中角度的象征性意味亦可以从清人著述中通常将会试取中之"贡士"

---

[1] 这里是以科举正途出身者所需参加的较为完整意义上的考试来说明。清代末科探花商衍鎏所撰回忆文章《科举考试的回忆》第三节"考试生员、举人、进士的情形",其下即分"(甲)童试""(乙)乡试""(丙)会试""(丁)殿试"四个细目。商衍鎏:《科举考试的回忆》,《清代科举考试述录及有关著作》,百花文艺出版社,2004年,第423—437页。

[2] 商衍鎏:《清代科举考试述录》,《清代科举考试述录及有关著作》,百花文艺出版社,2004年,第132—133页。

径称为"进士"的现象中看出。[1]更为重要的是,鉴于乡、会试对于个人进身与国家选人的重要性及其过程的高度协同性与竞争性,一方面朝廷对乡、会试"展期"尤加慎重,另一方面其"展期"一旦发生则更易牵动整个朝野关注并在不同程度上影响到社会心理的变化。也正因为如此,本书在对科举展期进行考察的过程中,其实已然可以透露出政治、经济、文化、社会诸要素的变迁轨迹以及时局与国运的趋向讯息。

---

[1] 以时人所撰碑传为例,阮元所撰《次仲凌君列传》云:"五十四年,应江南乡试,中式。明年成进士,出朱文正、王文端二公之门。盖与洪亮吉等皆以宏博见拔者也。殿试三甲。例授知县。君投牒吏部,自改教授,曰:'必如此,吾乃可养母治经。'文端曰:'吾不强子改冷官,子愿之,甚善。'"(阮元:《次仲凌君列传》,钱仪吉纂,靳斯标点:《碑传集》第11册,中华书局,2008年,第4040页)文中"明年成进士,出朱文正、王文端二公之门"之后复有"殿试三甲。例授知县",显然前者之"进士"指"贡士"而言。凌廷堪参加的是乾隆五十五年庚戌恩科会试,是科会试三总裁为"内阁王杰、吏侍郎朱珪、工侍郎邹奕孝"(福格撰,汪北平点校:《听雨丛谈》卷一〇,中华书局,2007年,第208页),所谓"出朱文正、王文端二公之门"即指出自会试大总裁朱珪、王杰之门。凌廷堪是科成贡士后并未直接参加当年的殿试,而是后来补应殿试成三甲进士,但阮元在撰述时统以"进士"相称。

一、关于"展期"的几个问题

(一)科举试期的定型 [1]

如果大抵认可科举考试"创始于隋,形成于唐"[2]的论断,那么作为科举考试重要组成部分的秋试(当时用以指称"解试",明、清用以指称乡试)在全国范围内并未有统一的试期,这种情况一直持续到北宋仍未有改变:"祖宗旧制,诸路州军科场,并以八月五日锁院。惟福建去京师地远,先期用七月。川、广尤远,

---

[1] 这里所谓科举试期的定型主要指秋试、春试具有统一和确切的举行日期而言,如北宋英宗治平间名义上仿照周代宾兴之礼,初步形成省试、殿试"三岁取士"的格局,但这只能算作科举试期体系形成的萌芽阶段(embryonic stage)或原型时期(prototype period)。此一时期虽亦有考试推迟情形发生,如两宋之际爆发战乱,加之宋室南渡后百废待兴:"建炎元年,当省试,以围城故,展用二年。绍兴元年,当殿试,以行明堂礼,亦展用二年。十年,当秋试,廖中丞(刚)建言:'自治平以来三岁举士,率用大礼,科场省、殿试为三年……自军兴再展,今秋试与大礼相妨,请展一年,以应古制。'上纳其言,乃诏诸州以十一年发解,而十二年省、殿试焉。"(李心传撰,徐规点校:《建炎以来朝野杂记》上册甲集卷一三《三岁取士》,中华书局,2000年,第260—261页)但总体来看,此种情形发生的概率较低,数量亦较少,且多集中于朝代鼎革间。

[2] 目前学界对于科举考试在隋唐时期的具体创制时间尚存争议,具体可参见何忠礼:《二十世纪的中国科举制度史研究》,《历史研究》2000年第6期。

又用六月。"[1] 当时南方相对边远的地区通常需要提前秋试，以便士子有充足的时间备考并奔赴京师参加国家级别的春试（当时用以指称"省试"，明、清用以指称会试），这也是宋人所谓"国朝三岁发解，进士率以秋季引试，初无定日"[2]的重要原因。

宋室南渡后，政治中心南移，这极大方便了南方尤其是闽、广士子秋解后赴临安行在省试，故有"绍兴十三年八月，诏以闽、广去行在不远，并令八月五日锁院……二十四年正月，诏太学及诸路并以中秋日引试，惟四川则悉用三月十五日焉"[3]。尽管仍有距离行在较远的四川地区例外，[4] 但基本可以认为以南宋高宗绍兴间为起始，以"中秋日引试"为标志的地方秋试试期在全国范围内基本划一定型。当时秋试试期的

---

[1] 李心传撰，徐规点校：《建炎以来朝野杂记》上册甲集卷一三《三岁取士》，中华书局，2000年，第265页。

[2] 沈作喆：《寓简（附录）》卷一，中华书局编辑部编："丛书集成初编"第68册，中华书局，2011年影印版，第14页。

[3] 李心传撰，徐规点校：《建炎以来朝野杂记》上册甲集卷一三《三岁取士》，中华书局，2000年，第265页。

[4] 当时四川较为特殊，士子甚至不需赴行在参加省试，而是在当地参加"类省试"。参见李心传撰，徐规点校：《建炎以来朝野杂记》上册甲集卷一三《三岁取士》，中华书局，2000年，第262页。

一、关于"展期"的几个问题

趋于划一,除了区位交通的因素外,还有朝廷防弊的考虑,当时有举子"占邻近户籍,至有三数处冒试者,冀于多试之中,必有一得",故而"绍兴中,或有建请,令天下诸州科场,并用八月一日锁院,十五日引试"[1]。

对于国家级别的春试,其试期定型较秋试为晚:"春试向例在正月,淳熙十四年庚戌,以首春雪寒,恐远方来者愆期,特展半月。此宋时秋试在八月,春试在二月之源流也。"[2] 不过,赵翼该记载中"淳熙十四年庚戌"一语并不准确,"淳熙"为南宋孝宗年号,淳熙十四年(1187)按照干支纪年为"丁未"而非"庚戌",故"淳熙十四年庚戌"的表述显然无法成立。赵翼该记载的"史源"出自洪迈《夷坚支志》"黄若讷"条,该条讲述了士子黄若讷于淳熙十三年(1186)冬入都赴省试,来春也即淳熙十四年(1187)揭榜遭黜,随后"至仲冬,父果卒,黄当勉举可应庚戌试,而正月

---

[1] 沈作喆:《寓简(附录)》卷一,中华书局编辑部编:"丛书集成初编"第68册,中华书局,2011年影印版,第14页。沈作喆该记载中锁院日期为"八月一日",与上文李心传所记"八月五日"略异,此处姑且存疑。

[2] 赵翼撰,曹光甫校点:《陔余丛考》下册卷二八,上海古籍出版社,2011年,第540页。

在禫制中,计无由可及。会有旨,以首春雪寒,恐远方布衣来者愆期,特展锁院半月。于是兼程而往"[1]。其中"黄当勉举可应庚戌试"当指黄氏从淳熙十四年(1187)冬"父卒"算起,至三年后(通常按25或27个月执行)"禫制"解除后,可以勉强赴应光宗绍熙元年(1190)庚戌春试,而赵翼却将之理解为赴应孝宗淳熙十四年(1187)春试,且赵翼文中"首春雪寒"之"首春"亦非其理解的淳熙十四年(1187)春,而应指绍熙元年(1190)春。据此也可以推知,朝廷因"首春雪寒"实施的春试展期当在绍熙元年(1190)正月间发生。此次展期作为典型的"例案"直接影响到此后将春试从正月展至二月,也即赵翼上文中所谓"此宋时秋试在八月,春试在二月之源流也"。至此也基本可以认为,大约至南宋中叶,科举考试"八月秋试"与"二月春试"的试期运行体系已基本形成,并且此次试期的成型,很大程度是以自然力作用下的"首春雪寒"展期作为起始与触发诱因。此种类似情形在下文要讨论的清代将再度发生,并最终导致"八月乡试,三月

---

[1] 洪迈:《夷坚支志》乙卷第二,洪迈撰,何卓点校:《夷坚志》第2册,中华书局,2006年,第807—808页。

会试"这一为后人熟知的科举试期体系的定型。

由宋入元之后,元代统治者一度废除科举,直到仁宗延祐二年(1315),"元仁宗因李孟言,亦定以八月乡试,二月会试"[1]。从科举试期角度看,元代上承南宋,下启明清,起到的基本只是一种制度承递的作用。这里之所以用"基本",是因为元代乡试三场试期分别是八月二十日、二十三日、二十六日,会试三场试期分别是二月一日、三日、五日,而明代乡试改为八月九日、十二日、十五日,会试改为二月九日、十二日、十五日。[2] 明初定鼎南京,科举试期因袭元制基本未作大改;后迁都北京,会试则一度有"展期"之议。万历二十六年(1598)戊戌春闱,"乔御史璧星监试,举子重裘以进,便于怀挟;请改三月,用单夹衣,则宿弊可清"[3]。时人甚至作《会试移期议》将展期之利归纳为五,所谓:"一在觐吏后从舟,可省雇费;

---

[1] 法式善:《槐厅载笔》卷二《规制》,沈云龙主编:"近代中国史料丛刊"第32辑第315册,文海出版社,1969年影印版,第84页。

[2] 于敏中等编纂:《日下旧闻考》第3册卷四八《城市》(内城东城四),北京古籍出版社,1981年,第751页。

[3] 朱国祯撰,王根林校点:《涌幢小品》上册卷七,上海古籍出版社,2012年,第118—119页。

二便于云、贵士子；三减衣裘，防闲甚易；四誊录无呵冻之苦；五归家无闸河运舟之阻。"[1] 不过终明之世，会试试期一直未有改移，其中一个原因竟也与"试期"有关，即当时有官员担心会试展期会使随后的殿试递展至暑热之季，从而影响士子答题发挥："万历间乔璧星监试，请改三月，用单夹衣，则怀挟宿弊可清。李廷机驳之曰：'如此，则殿试当在四月十五日，日暖如何操笔？又其甚者，不暴杀举子耶？'"[2]

清廷入关伊始即承继明制，于顺治二年（1645）开科并钦定科举试期："子、午、卯、酉年乡试，辰、戌、丑、未年会试，乡试以八月，会试以二月……均初九日为第一场，十二日为第二场，十五日为第三场。先一日点入，次一日放出。"[3] 雍正四年（1726）八月乡试后，因第二年适逢闰三月，世宗谕礼部："明年乃会试

---

[1] 朱国祯撰，王根林校点：《涌幢小品》上册卷七，上海古籍出版社，2012年，第119页。

[2] 梁维枢：《玉剑尊闻》卷九《排调》，四库全书存目丛书编纂委员会编："四库全书存目丛书"子部第244册，齐鲁书社，1995年影印版，第802页。

[3] 礼部纂辑：《钦定科场条例》卷一，沈云龙主编："近代中国史料丛刊三编"第48辑第471册，文海出版社，1989年影印版，第51页。

一、关于"展期"的几个问题

之期,春季适有闰月,二月节候尚早,各省举子途次远来,及闱中考试,恐其寒冷辛苦,朕心轸念,著将场期改至三月",并留下伏笔,"嗣后会试之年,遇有闰月,该部先期奏闻"[1]。这是清廷首次对国家级别的会试进行"展期",并为后来者提供一个可以参照和效法的例案。乾隆十年(1745)春季严寒,虽无有闰月,乾隆帝仍将会试展至三月,并将"三月会试"定为永例:"昨岁朕亲临贡院,遍观堂所,周览号舍,矮屋风檐,备极辛苦,深可轸念……今岁会试已展限三月,以待春温,嗣后即以为例。"[2]明代未尝改易的会试试期,在清代乾隆朝终得以延展并内化为科举制度的组成部分,时人对此举评论道:"至本朝始改三月,远方士子既免匆遽,而天暖无呵冻之苦,衣单无怀挟之弊,最为善政。"[3]至此,科举考试"八月乡试,三月会试"的试期运行体系正式定型并一直沿用至科举废除。而

---

[1]《清世宗实录》卷四八,雍正四年九月甲辰,《清实录》第7册,中华书局,1985年影印版,第726页。

[2] 礼部纂辑:《钦定科场条例》卷一,沈云龙主编:"近代中国史料丛刊三编"第48辑第471册,文海出版社,1989年影印版,第52页。

[3] 赵翼撰,曹光甫校点:《陔余丛考》下册卷二八,上海古籍出版社,2011年,第540页。

从上述分析可以看到，在长达五百余年的科举试期生成与定型过程中，"展期"曾数度发挥正效应，即由某种应急机制转化为科举制度的组成部分，从而对包括科举试期在内的科举制度的发展与完善起到了关键的促进作用。

（二）清代科举"展期"的成因与类型

清代科举"展期"虽在乾隆朝一度发挥正效应，由一种应急机制内化为科举制度的组成部分，从而对包括科举试期在内的科举制度的发展与完善起到了关键的促进作用，但是它更为普遍的发生方式还需要进一步梳理。本章接下来便从清代科举"展期"的成因与类型入手，大体按照不同"展期"类型出现的时间先后顺序进行梳理和考察。需要说明的是，这些类型中的相似情形可能在之后某些时期亦有出现，这里只是在每一类型中选取较有代表性或对后来产生较大影响的事例进行考察，从这些事例中亦不难窥得清代科举"展期"之全貌并展开对相关问题的探讨。

一、关于"展期"的几个问题

1. 国内战乱导致的"展期"

顺治二年（1645），因陕西、江南等地战乱，两省乡试由八月展至十月举行："顺治元年，恩诏各直省以二年秋八月举行乡试，三年春二月举行会试，顺治二年奏准，江南、陕西乡试以十月举行。"[1] 再如顺治十七年（1660）因云南战乱甫平，贡院未修，该省乡试延展一年举行："顺治十七年奏准，云南贡院未修，学臣未到，庚子科乡试于十八年补行。"[2]

2. 帝后升遐导致的"展期"

清世祖于顺治十八年（1661）正月初七日去世后，[3] 当月清廷即将原本二月举行的该年辛丑科会试延期至三月初九日举行。[4] 再如康熙二十六年十二月

---

[1] 礼部纂辑:《钦定科场条例》卷一，沈云龙主编："近代中国史料丛刊三编"第48辑第471册，文海出版社，1989年影印版，第105页。

[2] 礼部纂辑:《钦定科场条例》卷一，沈云龙主编："近代中国史料丛刊三编"第48辑第471册，文海出版社，1989年影印版，第51页。

[3] 《清世祖实录》卷一四四，顺治十八年正月丁巳，《清实录》第3册，中华书局，1985年影印版，第1105页。

[4] 《清圣祖实录》卷一，顺治十八年正月辛未，《清实录》第4册，中华书局，1985年影印版，第44页。

二十五日（1688年1月27日）孝庄文皇后去世，[1] 康熙二十七年（1688）戊辰科会试由二月初九日展至二月十九日："戊辰科，以大行太皇太后升遐，改会试于二月十九等日，殿试改三月二十六日云。"[2] 嘉庆四年（1799）正月清高宗去世，清廷将是年己未恩科乡试与翌年庚申恩科会试均延展一年举行："本年正月内，猝遭皇考大事，朕当哀痛迫切之时，曾降旨因庆典既不能举行，并将恩科停止，兹过百日后，复思开科一事，乃皇考嘉惠士林至意……所有恩科乡试，著于庚申年举行，会试著于辛酉年举行。"[3]

---

[1] 《清圣祖实录》卷一三二，康熙二十六年十二月己巳，《清实录》第5册，中华书局，1985年影印版，第424页。

[2] 王士禛撰，靳斯仁点校：《池北偶谈》上册卷四，中华书局，1982年，第74页。

[3] 礼部纂辑：《钦定科场条例》卷一，沈云龙主编："近代中国史料丛刊三编"第48辑第471册，文海出版社，1989年影印版，第121—122页。此外，清代还有因亲王薨逝导致殿试延期的情形，光绪十八年（1892）四月二十二日因德宗生父醇亲王奕譞安葬典礼，是年壬辰科殿试由四月二十一日展至四月二十五日："是年殿试改于廿五日，以醇贤亲王安葬典礼也。"翁同龢：《翁文恭公日记》，光绪十八年四月廿二日，翁同龢著，翁万戈编，翁以钧校订：《翁同龢日记》第6册，中西书局，2012年，第2566页。

3. 帝王巡幸导致的"展期"

康熙二十一年（1682）"三藩之乱"结束，清圣祖于是年春巡幸盛京拜谒祖陵，[1] 本年壬戌科殿试延展至九月初一日举行。[2] 嘉庆十六年（1811）三月十八日，仁宗外出巡幸五台山，[3] 至闰三月二十五日方返京，[4] 本应于闰三月中旬举行的贡士覆试展至四月初三日举行："辛未科会试中式贡士应在保和殿覆试，查上三科均于揭晓后五六日内覆试，本年会试于闰三月初十日

---

[1] "癸巳。上以云南底定，海宇荡平，躬谒永陵、福陵、昭陵告祭，命皇太子允礽随驾。"《清圣祖实录》卷一〇一，康熙二十一年二月癸巳，《清实录》第5册，中华书局，1985年影印版，第14页。

[2]《清圣祖实录》卷一〇四，康熙二十一年九月乙巳，《清实录》第5册，中华书局，1985年影印版，第56页。

[3] "丙寅。上启銮，恭谒西陵，并巡幸五台。"《清仁宗实录》卷二四〇，嘉庆十六年三月丙寅，《清实录》第31册，中华书局，1986年影印版，第244页。关于此次仁宗巡幸五台的背景，据林传甲日记记载："嘉庆十六年辛未，举西巡狩猎之典，幸五台，惟时川、陕勘定，闽、粤荡平，示得意也。"林传甲：《筹笔轩读书日记》上册，光绪二十六年八月初一日，林传甲撰，况正兵、解旬灵整理：《林传甲日记》，中华书局，2014年，第112页。

[4] "癸卯。上还圆明园，谒安佑宫行礼。"《清仁宗实录》卷二四一，嘉庆十六年闰三月癸卯，《清实录》第31册，中华书局，1986年影印版，第254页。

揭晓，恭遇圣驾巡幸五台，中式贡士似应于回銮后再行覆试……此次会试中式贡士，著于四月初三日在乾清宫覆试。"[1] 再如光绪十二年（1886）清明因慈禧太后携德宗出谒东陵，[2] 是年壬戌科会试延展两日举行："朕恭奉慈禧端佑康颐昭豫庄诚皇太后祗谒东陵，业经降旨，于三月初七日还宫。所有本年会试，应行听宣之考官等，著改于三月初八日听宣入闱，应试士子，著于初十日点名入场。"[3]

4. 官员更调导致的"展期"

康熙二十六年（1687）年初，广西提学道申櫄"丁艰"返乡后遽卒，[4] 朝廷是年二月调山东登莱道陆祚蕃

---

[1] 礼部纂辑：《钦定科场条例》卷四九，沈云龙主编："近代中国史料丛刊三编"第48辑第478册，文海出版社，1989年影印版，第3349页。

[2] 《清德宗实录》卷二二三，光绪十二年正月丁酉，《清实录》第55册，中华书局，1987年影印版，第2—3页。

[3] 《清德宗实录》卷二二四，光绪十二年正月甲子，《清实录》第55册，中华书局，1987年影印版，第16页。

[4] 其友汪琬在《广西提学道佥事申君墓志铭》中记道："然之任再踰旬，而复丁嫡母艰以归，归不期月而遂卒……官止于五品，寿止于五十有一。"（汪琬：《尧峰文钞别录》卷二《广西提学道佥事申君墓志铭》，汪琬著，李圣华笺校：《汪琬全集笺校》第4册，人民文学出版社，2010年，第2089页）申櫄为顺治十八年辛丑科进士，据进士履历

补任："以山东登莱道陆祚蕃为广西按察使司副使，提调学政。"[1] 因山东赴广西道远需时，陆祚蕃难以在本年八月丁卯科乡试前抵任并办妥准备事宜，故朝廷将广西乡试展至十月举行："礼部议覆，广西巡抚王起元疏言，新升广西学道陆祚蕃由原任登莱道任，赴粤路远，秋闱甚迩，即改岁作科，亦难遍及，请展乡试期于十月举行，应如所请。"[2]

5. 岁闰天寒导致的"展期"

雍正五年（1727）适逢闰三月，"向例，会试以二月入场。雍正五年，岁闰天寒，是科特旨改于三月，并令嗣后会试之期遇有闰月，该部先行奏闻"[3]。天寒

便览记载，申穟生日为"丁丑年十一月二十七日"（《顺治十八年辛丑科会试四百名进士三代履历便览》，国家图书馆藏顺治十八年刻本，第7页），也即崇祯十年（1637）农历岁末，据汪琬铭文中"官止于五品，寿止于五十有一"推算，那么申穟卒年当在1687年，也即康熙二十六年年初前后。

[1]《清圣祖实录》卷一二九，康熙二十六年二月辛未，《清实录》第5册，中华书局，1985年影印版，第386页。

[2]《清圣祖实录》卷一三〇，康熙二十六年五月辛巳，《清实录》第5册，中华书局，1985年影印版，第396页。

[3] 于敏中等编纂：《日下旧闻考》第3册卷四八，北京古籍出版社，1981年，第754页。

不仅使得士子有"呵冻之苦"与"怀挟之弊",更为直接的影响则是"天寒砚冻"使得士子无法书写,尤其对于殿试,因最初殿试于殿外举行,[1]更易受到极端天气影响,雍正元年(1723)就曾一度因"天寒砚冻"而将殿试移入太和殿内。[2]乾隆朝三月会试、四月殿试成为定例后,[3]三月会试后如再逢闰三月是否在该闰月举行殿试也一度成为朝廷需要斟酌的问题。道光二年(1822)壬午适逢闰三月,清廷在三月会试后即于该年闰三月二十一日举行殿试,闰三月二十五日传胪;[4]而道光二十一年(1841)辛丑复逢闰三月,清廷则在是年三月会试后跨过闰三月,以四月二十一日殿试,四

---

[1] "旧时殿试……初试于天安门外,嗣礼部请试于太和殿之东、西阁阶下,遇风雨试于殿东、西两庑。"吴振棫撰,童正伦点校:《养吉斋丛录》卷九,中华书局,2005年,第104页。

[2] "雍正癸卯年十月二十七日殿试,天寒砚冻,上命移至殿内两旁,并令太监多置火炉,俾殿内和暖,使诸贡士得尽心作文写卷,此移入殿内之始。"震钧:《天咫偶闻》卷一,北京古籍出版社,1982年,第9页。

[3] 王庆云著,王湜华点校:《石渠余纪》卷一,北京古籍出版社,1985年,第37页。

[4] 礼部纂辑:《钦定科场条例》卷五六,沈云龙主编:"近代中国史料丛刊三编"第48辑第480册,文海出版社,1989年影印版,第4312—4313页。

月二十五日传胪。[1]如果考虑到传胪通常需要皇帝赴殿的惯例以及当时的中英战事,那么此时清廷将殿试跨过闰三月也即客观上推延一月举行,除了方便年事已高的道光帝天暖赴殿,[2]大概也有处理战事和观望战事变化的考量。

6. 搜检防弊导致的"展期"

乾隆九年(1744),顺天乡试因士子怀挟者众多,搜检逾期,试期由八月初九日改至八月初十日举行:"乾隆九年奏准,顺天乡试搜检逾期,请改试期于后一日。"[3]朝廷在八月初九日的谕旨中提到:"乃昨日头场点名,朕命亲近大臣数人,前往监看……今年怀挟如许之多,而从前各科,悉皆朦混了事,著将乾隆元

---

[1] 礼部纂辑:《钦定科场条例》卷五六,沈云龙主编:"近代中国史料丛刊三编"第48辑第480册,文海出版社,1989年影印版,第4313—4314页。

[2] "仁宗睿皇帝……以乾隆四十七年壬寅八月初十日寅时,诞上于撷芳殿中所。"(《清宣宗实录》卷一,嘉庆二十五年七月乙卯朔,《清实录》第33册,中华书局,1986年影印版,第75页)按照道光帝生于乾隆四十七年(1782)八月推算,道光二年(1822)其年方四十一岁,而至道光二十一年(1841)则年届六十岁。

[3] 礼部纂辑:《钦定科场条例》卷一,沈云龙主编:"近代中国史料丛刊三编"第48辑第471册,文海出版社,1989年影印版,第52页。

年以后监试之御史，除内帘外俱交部查出议处。"[1] 因为此次乾隆帝亲派近臣"监看"，搜检得以严格执行，以至于暴露出严重的怀挟之弊，这也是导致乾隆帝下决心于第二年将会试从春二月展至春三月并定为永例的重要因素之一，其正如乾隆十年（1745）会试"展期"谕旨中所言："当严则严，当宽则宽，于厘剔弊端之中，寓优恤士子之意，二者相成而不相悖也。"[2]

7. 自然灾害导致的"展期"

嘉庆六年（1801）八月，因京师雨水致灾，朝廷将顺天乡试展限一月举行："京师自本月初旬以来，雨水连绵，贡院墙垣号舍，多有坍塌渗漏之处……且近畿一带道路泥泞，士子等来京应试，跋涉维艰……照雍正四年会试展期一月之例，将乡试改期九月初八日举行。"[3] 再如道光二十三年（1843），因黄河决口，河

---

[1] 《清高宗实录》卷二二二，乾隆九年八月癸丑，《清实录》第11册，中华书局，1985年影印版，第865—866页。

[2] 《清高宗实录》卷二三二，乾隆十年正月丙子，《清实录》第12册，中华书局，1985年影印版，第2页。

[3] 《清仁宗实录》卷八四，嘉庆六年六月乙丑，《清实录》第29册，中华书局，1986年影印版，第101页。

南乡试展至十月举行:"本年六月间河南中河厅漫口,各属州、县被淹处所甚多,现在秋汛方长,黄水长落无定,积潦难消……著照所请,准其将该省乡试展期至十月初八日举行。"[1] 清代至道光朝,因气候异常尤其是雨水致灾导致的乡试"展期"明显增多,其中较为典型者有:"十一年江南改九月,二十三年河南改十月,二十九年江南改十月、浙江改九月,则皆以水故也。"[2] 吴承明先生曾提出经济史领域的"道光萧条"命题,[3] 而道光朝较为集中的降水异常及其导致的地方科举"展期"便可在一定程度上表征出"道光萧条"发生的主要原因以及重点波及的范围。

8. 疫疾流行引起的"展期"

道光元年(1821),京师霍乱流行,《光绪顺天府志》记载:"道光元年四月朔,日月合璧,五星连珠,七月

---

[1] 礼部纂辑:《钦定科场条例》卷一,沈云龙主编:"近代中国史料丛刊三编"第48辑第471册,文海出版社,1989年影印版,第56页。

[2] 吴振棫撰,童正伦点校:《养吉斋丛录》卷九,中华书局,2005年,第113页。

[3] 吴承明:《18与19世纪上叶的中国市场》,吴承明:《中国的现代化:市场与社会》,生活·读书·新知三联书店,2001年,第240—241页。

转筋霍乱，时疫大作，直至八月死者不可胜计。"[1] 朝廷考虑到"贡院中号舍湫隘，士子等萃处郁蒸，恐致传染疾疠"，特将顺天乡试推迟一月，展至是年九月举行。[2]

9. 加科引起的"展期"

清代科举除了上述八类带有突发应对性质的机制性"展期"外，还有一类较为特殊的类制度性"展期"，即加科导致的"展期"。清代科举考试异于前代的重要一处即于正科之外又行"科举加恩"之科（通常称为"加科"或"恩科"），所谓"三年一大比，凡子、午、卯、酉年八月举行乡试正科，如遇国家大庆典（或登极、或大婚、或生阿哥之类），亦特开恩科一次"[3]。由于加

---

[1] 万青黎、周家楣修，张之洞、缪荃孙纂：《光绪顺天府志》卷六九，上海书店出版社编：《中国地方志集成·北京府县志辑》第2册，上海书店出版社，2002年影印版，第271页。亲历其事的京城名医王清任在《医林改错》中记道："至我朝道光元年，岁次辛巳，瘟毒流行，病吐泻转筋者数省，京都尤甚，伤人过多。"王清任撰，陕西省中医研究院注释：《医林改错注释》卷下，人民卫生出版社，1985年，第130页。

[2] 礼部纂辑：《钦定科场条例》卷一，沈云龙主编："近代中国史料丛刊三编"第48辑第471册，文海出版社，1989年影印版，第54页。

[3] 章中如：《清代考试制度》，黎明书局，1932年，第18页。

一、关于"展期"的几个问题

科的介入，正科试期则不得不有所调整："凡乡会试加科，俱由特旨，其试期或仍于八月乡试、次年三月会试，或改以三月乡试、八月会试，均临时酌定，不拘成例。有与正科同岁者，或移正科于前，或移正科于后。"[1] 其中"移正科于后"这一情形，即所谓加科导致的"展期"。雍正元年（1723）癸卯本为正科乡试举办之年，清世宗即位后决定在该年举行登极恩科乡、会试，便将正科乡试展至第二年二月举行，正科会试则展至第二年八月举行："本年恩旨开科，四月乡试，九月会试，应请将癸卯正科乡试改于雍正二年甲辰二月

---

[1] 礼部纂辑：《钦定科场条例》卷一，沈云龙主编："近代中国史料丛刊三编"第48辑第471册，文海出版社，1989年影印版，第107页。清代"移正科于前"者仅有两例：一为乾隆五十五年庚戌本为正科会试之年，因是年高宗"八旬万寿"，特开己酉、庚戌万寿恩科乡、会试，己酉、庚戌正科乡、会试分别提前一年，至乾隆五十三年戊申、乾隆五十四年己酉举行；二为道光二十一年辛丑本为正科会试举办之年，因是年宣宗"六旬万寿"，特开庚子、辛丑万寿恩科乡、会试，庚子、辛丑正科乡、会试分别提前一年，至道光十九年己亥、道光二十年庚子举行。（礼部纂辑：《钦定科场条例》卷一，沈云龙主编："近代中国史料丛刊三编"第48辑第471册，文海出版社，1989年影印版，第116—117、127—128页）相较于"移正科于前"，清廷更倾向于或者说在更多情况下是选择"迁正科于后"，这里不单是时间和筹备方面的客观计算，还有突出加恩之科政治与文化地位的主观考量。

举行,甲辰正科会试改于甲辰八月举行。"[1] 再如道光十一年(1831)辛卯,清宣宗恰值五十寿辰,特开恩科乡、会试,并将是年起应行正科乡、会试分别推迟一年举行:"道光十一年奉上谕,本年为朕五旬万寿庆辰……著于本年八月举行恩科乡试,来岁三月举行恩科会试,所有应行本年正科乡试、来岁正科会试,著移于道光十二年八月、十三年三月举行。"[2]

至此,已基本将清代科举"展期"的成因类型大致梳理完毕,从中至少可以得出以下三点:其一,"展期"的成因类型复杂多样,此点从上述九种类别即可看到。其二,"展期"原因有时还具有连锁性与叠加性。其中比较典型的例子为乾隆十年(1745)的会试"展期"与咸丰十一年(1861)的顺天乡试"展期":前

---

[1] 礼部纂辑:《钦定科场条例》卷一,沈云龙主编:"近代中国史料丛刊三编"第48辑第471册,文海出版社,1989年影印版,第110页。

[2] 礼部纂辑:《钦定科场条例》卷一,沈云龙主编:"近代中国史料丛刊三编"第48辑第471册,文海出版社,1989年影印版,第125—126页。以"旬"表年岁,据钱大昕考证"误始于唐中叶":"古人以十日为旬,故'旬'从日。汉魏六朝人文字,从无称十年为旬者。唯白乐天《偶吟自慰兼呈梦得》诗,有'且喜同年满七旬'之句,自注'予与梦得甲子同辰,俱得七十',则其误始于唐中叶也。"钱大昕:《十驾斋养新录》卷一六,上海书店,1983年影印版,第381页。

一、关于"展期"的几个问题

者从上文所引"当严则严,当宽则宽,于厘剔弊端之中,寓优恤士子之意"这一谕旨措辞中已然可以读出,此次"展期"既有搜检防弊的原因,又有天寒恤士的考虑;而后者的直接原因虽是咸丰十一年(1861)七月十七日清文宗的殂逝热河,[1]但当时最高权力格局的调整与京畿战乱的甫平无疑也是导致此次"展期"的考量因素。其三,如果把以上九种成因类型进一步划分为"突发性展期"与"类制度性展期"两大类,那么清代科举考试的"突发性展期"便包括上述所列举的"国内战乱导致的展期""帝后升遐导致的展期""帝王巡幸导致的展期""官员更调导致的展期""岁闰天寒导致的展期""搜检防弊导致的展期""自然灾害导致的展期""疫疾流行引起的展期"等八种类型,而"类制度性展期"则有"加科引起的展期"这一特殊"展期"类型。也即是说清代科举"展期"不仅"展期"类型具

[1]《清文宗实录》卷三五六,咸丰十一年七月癸卯,《清实录》第44册,中华书局,1987年影印版,第1257页。咸丰帝去世仅三日,热河行在即发布上谕,将是年顺天乡试"展期"一月举行:"又准行在礼部咨,本年七月二十日内阁奉上谕,本年顺天乡试著展期于九月内举行。"礼部纂辑:《钦定科场条例》卷一,沈云龙主编:"近代中国史料丛刊三编"第48辑第471册,文海出版社,1989年影印版,第84页。

有多样性与复杂性,"展期"原因时具连锁性与叠加性特征,而且比例极高地以突发性"展期"的形式呈现。这一方面表明了清代科举制度自我修复机制与调适性的增强,也体现出科举考试在应对突发事件时具有的机动灵活,但另一方面却也可以看到这些突发性"展期"使得科举试期这一制度时间面临着类型多样与程度各异的扰动,从而在时间维度上使得科举考试潜藏了诸多难以预期的不稳定元素。

(三)清代科举"展期"的纵向时间分布

本节将探讨科举"展期"在清代不同时期的分布密度及其呈现出的若干高峰期,考察不同高峰期的主流"展期"类型,从而将上述"展期"类型进一步做"历史权重"的分析与过滤,以呈现清代尤其是清代前中期科举"展期"的总体风貌。

通常来讲,大规模的科举"展期"往往与时局变迁密切相关,明清鼎革之际国内一度爆发战乱,虽有个别省份的乡试因此而"展期",但清初并未成为清代第一个"展期"高峰期,反而在会试层面频频出现加科之举。顺治三年（1646）丙戌正科会试举行之后，清廷鉴于应试者众多，遂决定当年和翌年再举行加科乡、会试："乙酉、丙戌科场初开，士子应试都门者，间以道涂梗塞，后期始至，朝廷加意招徕，重行乡、会。"[1]而顺治十六年（1659）己亥清军平定云、贵后，因急缺地方治理官员，是年秋再行加科会试："顺治十六年奉上谕，云、贵新附地方绥辑需人，现在候选官员尚未足用，应预为征取，以备任使，著于今秋再行会试。"[2]

清代第一次大规模的科举延展出现在康熙朝的"三藩之乱"时期："若康熙时吴三桂撤藩用兵，十七年戊午科，福建并浙闱未成，于十九年庚申四月补行，广西、贵州、云南、四川皆停考，广西、贵州于二十一年壬戌补行，云南、四川于二十二年癸亥补行。"[3]尤其是康熙十六年（1677）丁巳科乡试，因战事波及省份合并"附闱"考试，内地十余省仅有顺天、

---

[1] 福格撰，汪北平点校：《听雨丛谈》卷九，中华书局，2007年，第186页。

[2] 礼部纂辑：《钦定科场条例》卷一，沈云龙主编："近代中国史料丛刊三编"第48辑第471册，文海出版社，1989年影印版，第109页。

[3] 商衍鎏：《清代科举考试述录》，《清代科举考试述录及有关著作》，百花文艺出版社，2004年，第122页。

江南、浙江、河南四地典派乡试主考官："是岁因军兴……江西、湖广附江南，福建附浙江，山东、山西、陕西附河南应试。典试差者，惟顺天、江南、浙江、河南四省。"[1]至康熙二十年（1681）清廷平定战乱，广西、贵州等西南诸省乡试方开始次第补行，[2]直到康熙二十二年（1683），随着拖延长达八年之久云南、四川乡试补行完竣，受此次战乱影响的科举试期才基本恢复正常。

如果说由"三藩之乱"导致的清代第一个"展期"高峰波及所在主要集中在西南地区，作为当时全国经济中心的江、浙与政治中心的京师几乎未受影响，那么由"咸同军兴"导致的清代第二个"展期"高峰，波及所在已经由西南边陲蔓延至江、浙并达至北方部分地区，而且较多出现"停科"这一极端情形："自咸丰元年至同治六年，十七年间停科者共十四省，除顺天、山西外，盖无有不停之省。"[3]即使顺天未致停科，如

---

[1] 福格撰，汪北平点校：《听雨丛谈》卷九，中华书局，2007年，第191页。
[2] 钱实甫编：《清代职官年表》第4册，中华书局，1980年，第2895—2896页。
[3] 商衍鎏：《清代科举考试述录》，《清代科举考试述录及有关著作》，百花文艺出版社，2004年，第124页。

一、关于"展期"的几个问题

前所述,咸丰帝在英法联军逼近京师时仓皇"北狩"、崩逝热河亦直接导致顺天乡试延展举行。至于其余展停的十四省,如果按照展停科分数量多少来排列的话,可以得到以下数据:展停六科者为贵州、云南二省(贵州自咸丰五年展停至同治三年;云南自咸丰八年展停至同治六年);展停五科者为广西省(自咸丰元年展停至咸丰九年);展停四科者为湖南、江南二省(湖南自咸丰二年展停至咸丰十一年;江南自咸丰五年展停至同治元年,中间借浙闱补行一科,实则江南展停五科);展停三科者为广东、江西、福建、浙江、陕西五省(广东自咸丰五年展停至咸丰九年;江西自咸丰五年展停至咸丰十一年,中间借浙闱补行一科,实则江西展停四科;福建咸丰八年、咸丰十一年、同治三年展停;浙江自咸丰十一年展停至同治三年;陕西自同治元年展停至同治六年);展停两科者为河南、山东、四川、湖北四省(河南咸丰五年、咸丰十一年展停;山东咸丰十一年、同治六年展停;四川咸丰十一年、同治元年展停;湖北咸丰五年、咸丰十一年展停)。[1] 此

---

[1] 以上统计据商衍鎏:《清代科举考试述录》,《清代科举考试述录及有关著作》,百花文艺出版社,2004年,第124页。其中关于湖北

一时期乡试展停的补行办法基本遵循如下原则:"补行之制复不许过两科,是以于停科之补行者,或特开一科(如咸丰六年丙辰并补广西之辛亥、乙卯与补广东之乙卯,七年丁巳并补湖南之壬子、乙卯者是);或于乡试之年带补,则只限补一科,以合之正科已为两科之故。倘停试至三科以上者,分别归并,或先补近科,或先补远科,则临时斟酌行之。"[1]造成此一时期大规模科举展停的原因主要是持续长达十四年的太平天国运动,但值得注意的是,还有一些次级规模的地方起义亦导致科举延展,如咸丰九年(1859)云南乡试因杜文秀起义展缓至咸丰十一年(1861)辛酉科后举行。[2]同年,广西本省乡试因壮、汉各族起义再度展缓一年,"请展至来秋举办"[3]。从科举"展期"的角

乡试展停情形,商衍鎏书中误作展停一科(咸丰元年展停),王立新文已对此点作出考订。王立新:《咸同年间文闱停科问题考订》,《近代史研究》2016年第5期。

[1] 商衍鎏:《清代科举考试述录》,《清代科举考试述录及有关著作》,百花文艺出版社,2004年,第122页。
[2] 《清文宗实录》卷二八〇,咸丰九年四月壬子,《清实录》第44册,中华书局,1987年影印版,第115页。
[3] 《清文宗实录》卷二八二,咸丰九年五月丙子,《清实录》第44册,中华书局,1987年影印版,第140页。

度看,清代至此可谓进入了多事之秋;不过,此一持续长达十余年的"咸同军兴"虽然造成全国范围内乡试的大面积展停,但总体来看,南方多于北方,西部多于东部,作为各直省乡试风向标且具有特殊地位的顺天乡试并未停科而仅仅"展期"一月。此外,京畿虽然被焚,京师却未沦陷,作为国家级别的会试与殿试依旧可以正常举行,并未受到丝毫影响。

"咸同军兴"后朝野一度出现"中兴"之局,此前遭受重创的科举考试稍复元气:"当时潘伯寅位高望重,提创于上,张之洞等左右名流,接纳于下……东南、西北初定,人皆埋头以取科名,朝士雍容进取之度,于此时见之。"[1] 但是随着19世纪的收尾,清代科举考试进入了第三个"展期"高峰——"光绪庚辛"时期。此一时期与先前的"三藩之乱"与"咸同军兴"两个"展期"高峰相比,虽然在持续时间上相对较短,但是其"展期"牵涉原因之复杂、"展期"强度之大、"展期"层级之高,则是前两个时期所难以企及的,其严重程度也达到了有清一代所未有。

---

[1] 刘禺生撰,钱实甫点校:《世载堂杂忆》,中华书局,1997年,第39页。

二、己亥庚子之变：从制度性展期到非制度性展期

（一）作为制度性展期的"万寿开科"

光绪二十五年十二月二十九日（1900年1月29日），农历除夕前一日，二十九岁的光绪皇帝传谕内阁：

"明年朕三旬寿辰，允宜特开庆榜，嘉惠士林，著以明年庚子科为恩科乡试，次年辛丑科为恩科会试。其正科乡、会试著递推于辛丑、壬寅年举行。用示笃庆作人，有加无已至意。"[1]

---

[1] 《清德宗实录》卷四五七，光绪二十五年十二月壬寅，《清实录》第57册，中华书局，1987年影印版，第1030页。该谕旨另见《光绪朝东华录》（朱寿朋编，张静庐等校点：《光绪朝东华录》第4册，中华书局，1958年，第4465页），因文字有脱讹，故未引。

二、己亥庚子之变：从制度性展期到非制度性展期

光绪二十六年四月十五日，时供职国史馆的叶昌炽赴保和殿参加了庚子恩科乡试试差考试。他在日记中详细记录了这次考试情景：

先一日，他与同僚同寓国史馆。第二日"卯刻由中左门点名入，登殿坐西偏。余不能用佳笔，尤不能用紫颖……此次改用下等羊兼毫，与东坡所谓'三寸鸡毛笔'者正相似。旁睨者皆匿笑，然运腕时颇能触笔如志"[1]。

从他的记述来看，一切都在按部就班进行中。从他略带"幽默"的笔触也可看出他此时的心情也较为轻松。试差考试结果出来之后，叶昌炽发现简放考官的名单上没有自己的名字——他并没有因此而变得沮丧，这并非因为他心态淡定，而是在他眼前出现了一些更令人担忧的"时变"征兆："闻义和拳匪滋事，自涞水至丰台，铁路焚断并毁电杆……都中讹言四起，人心惶惶。"[2] 就在五月初一，也即叶昌炽写这段日记

---

[1] 叶昌炽著，王季烈编：《缘督庐日记》第 2 册，光绪二十六年四月十五日，北京图书馆出版社，2007 年影印版，第 490 页。

[2] 叶昌炽著，王季烈编：《缘督庐日记》第 2 册，光绪二十六年五月初三日，北京图书馆出版社，2007 年影印版，第 491—492 页。

的两天前，清廷刚刚向云贵地区简放了第一批考官。[1]

按照惯例，清廷简放各省乡试主考，根据距京远近分六个批次简放。第一批为云南、贵州，五月初一日简放；第二批为广东、广西、福建，五月十二日简放；第三批为四川、甘肃、湖南，五月二十二日简放；第四批为江西、浙江、湖北，六月十二日简放；第五批为江南、陕西，六月二十二日简放；第六批为河南、山西、山东，七月初八日简放；最后为顺天，八月初六日简放。[2]

到了五月十二日（6月8日）简放第二批考官时，[3]局势已然吃紧。京城地面已是"往往有无籍之徒，三五成群，执持刀械，游行街市，聚散无常"，而北

---

[1] 光绪二十六年五月辛丑朔（1900年5月28日）谕："以翰林院编修吴纬炳为云南乡试正考官，伍铨萃为副考官；修撰骆成骧为贵州乡试正考官，编修田智枚为副考官。"《清德宗实录》卷四六三，光绪二十六年五月辛丑朔，《清实录》第58册，中华书局，1987年影印版，第63页。

[2] 继昌：《行素斋杂记》卷下，上海书店，1984年影印版，第31页。

[3] "兵部右侍郎李殿林为广东乡试正考官，翰林院侍讲吴同甲为副考官；御史胡孚宸为广西乡试正考官，翰林院编修李传元为副考官；户部右侍郎华金寿为福建乡试正考官，詹事府左春坊左中允吴郁生为副考官。"《清德宗实录》卷四六三，光绪二十六年五月壬子，《清实录》第58册，中华书局，1987年影印版，第68页。

二、己亥庚子之变：从制度性展期到非制度性展期

京教士只得"集使馆附近自保"[1]，并且市面上"连日米价腾贵，而银价转高，识者知非佳象"[2]。

这时朝廷仍未意识到形势的严峻，于五月廿二日（6月18日）又开始简放第三批赴湖南、四川、甘肃的考官，"以翰林院编修冯恩崐为湖南乡试正考官，刘嘉琛为副考官；通政使司通政使李荫銮为四川乡试正考官，翰林院编修夏孙桐为副考官；翰林院编修沈

---

[1] 郭廷以编著：《近代中国史事日志》下册，中华书局，1987年影印版，第1073页。

[2] 佚名：《庸扰录》，光绪二十六年五月十二日，中国社会科学院近代史研究所近代史资料编辑室编：《庚子记事》，中华书局，1978年，第249页。据《庸扰录》作者是年四月十八日记载："自四月以来，天气亢旱异常，京城内外喉症、瘟疫等病相继而起，居民死者枕藉，朝廷求雨多次，迄无一应。"（佚名：《庸扰录》，光绪二十六年四月十八日，中国社会科学院近代史研究所近代史资料编辑室编：《庚子记事》，中华书局，1978年，第247页）如果留心就会发现，京师的局势也是在四月以后开始吃紧的，"天气亢旱"与"局势吃紧"、"米价腾贵"之间在这里呈现出某种因应关系。这里还有一条有力旁证，以说明此前京师面貌与此迥异。光绪二十六年七月十九日，两江总督刘坤一在给安徽巡抚王之春的私牍中说："春间同在都门，何等太平气象。仅逾三月，祸变如斯。"（刘坤一：《致王爵棠》，光绪二十六年七月十九日，刘坤一著，中国科学院历史研究所第三所工具书组校点：《刘坤一遗集》第5册，中华书局，1959年，第2271页）都门春间，犹是"太平气象"，这就从侧面证明《庸扰录》所载庚子四月"天气亢旱"恰为京师局势吃紧之转捩。

卫为甘肃乡试正考官,林开謩为副考官"[1]。而"十五六日以来,各京官之眷属,均纷纷出京。城内外各教民已逃徙一空"[2]。故"廿二日,所放各省考官,多有并未在京者。甘肃正考官沈卫得旨后,由通州星驰来京。到时,城门已毕,在某茶肆危坐待旦"[3]。

到了六月十二日(7月8日)简放第四批赴浙江、江西、湖北的考官时,[4]朝廷急调李鸿章为直隶总督兼北洋大臣,促其坐俄舰北上调停拳教冲突。而五日前(即六月七日,7月3日)"东南互保"之局也正式形成:"定《保护南省商教章程》九条及《保护上海租借城厢章程》十条,江、楚宣布不承认此后北京之

---

[1] 《清德宗实录》卷四六四,光绪二十六年五月壬戌,《清实录》第58册,中华书局,1987年影印版,第78页。

[2] 佚名:《庸扰录》,光绪二十六年五月十六日,中国社会科学院近代史研究所近代史资料编辑室编:《庚子记事》,中华书局,1978年,第252页。

[3] 佚名:《庸扰录》,光绪二十六年五月廿二日,中国社会科学院近代史研究所近代史资料编辑室编:《庚子记事》,中华书局,1978年,第254页。

[4] 湖北正考官翰林院侍读载昌,副考官翰林院编修吴士鑑。《清德宗实录》卷四六五,光绪二十六年六月壬午,《清实录》第58册,中华书局,1987年影印版,第90页。

二、己亥庚子之变：从制度性展期到非制度性展期

上谕。"[1]

(二) 非制度性展期："春乡秋会，人心益乱"

终于在光绪二十六年六月十五日（7月11日），[2]清廷停止简放派往江南、陕西、河南、山西、山东、

---

[1] 郭廷以编著：《近代中国史事日志》下册，中华书局，1987年影印版，第1084页。1900年6月29日英国驻上海代总领事霍必澜（Sir Pelham Warren）致英国首相索尔兹伯理（Robert A. T. Gascoyne-Cecil, 3rd Marquess of Salisbury）电云："李鸿章收到了荣禄6月21日的信，告诉他对北京的谕旨不必继续予以重视。李鸿章同长江各督一起，已同意不再承认北京政府。我认为端王在6月21日前后可能篡夺了朝廷的权力。据说，荣禄正企图同汉族总督们合作，并反对端王。"[《1900年6月29日代总领事霍必澜致索尔兹伯理侯爵电》，《关于中国反抗运动的函电：中国第三号（1900年）第222件》，胡滨译，丁名楠、余绳武校：《英国蓝皮书有关义和团运动资料选译》，中华书局，1980年，第59页] 这里霍必澜虽然有些夸大东南督抚的离心倾向，但就东南督抚实际作为来看，的确与中枢相悖。

[2] 朱寿朋《光绪朝东华录》收为丙戌日，即十六日，误。（朱寿朋编，张静庐等校点：《光绪朝东华录》第4册，中华书局，1958年，第4526—4527页）清代政务，基本皆以诏书为凭，而诏书又分两种：一为明谕，下发内阁，刊之邸报，为臣民所共见；一为廷寄或交片，下发军机处，不刊邸报，臣民不能共见。而邸报所刊日期一般据内阁发出谕旨日期，而非谕旨拟定下发内阁日期，故可判断，此谕于十五日拟定下发内阁，十六日内阁发出并由邸报刊出，而朱氏仅据邸报日期收入书中，故误延一日。

顺天等六处乡试考官,下发乡、会试展期谕旨:

"现在中外开衅,各省军务倥偬,所有本年恩科乡试,如果展缓数月,未始不可举行。第恐天气渐寒,各省士子倍形劳苦,且远省放榜过迟,于公车亦多窒碍,著即展缓至明年三月初八日乡试,八月初八日会试,以示体恤。各省已放正副考官,即著回京供职。至庚子正科乡试及次年会试,并著按照年份,以此递推。"[1]

《高枬日记》当日写道:"停乡试,因蜀、楚、吴、浙奏请缓也。此为切题。"[2]可知此次乡试展期为"东南"督抚所倡议,而查军机处电报档,不见有此记载,其原因似应与庚子十二月二十六日(1901年2月14日)所发的一份"销除矫诏"上谕有关——为避免各国另生枝节,朝廷命将五月二十四日以后、七月二十日以前的部分谕旨销毁:"著内阁将五月二十四日以后,七月二十日以前谕旨,汇呈听候查明,将矫擅妄传各谕

---

[1] 《清德宗实录》卷四六五,光绪二十六年六月乙酉,《清实录》第58册,中华书局,1987年影印版,第91页。

[2] 高枬:《高枬日记》,光绪二十六年六月十五日,中国社会科学院近代史研究所近代史资料编辑室编:《庚子记事》,中华书局,1978年,第152页。

二、己亥庚子之变：从制度性展期到非制度性展期

旨提出销除"，并声称这些谕旨"非出朝廷本意，所有不得已之苦衷，业经宣示，中外臣民谅能默谕"[1]。此举极大团结了东南督抚，"不仅外人之责我围攻使馆系奉内谕等语可以消弭；即持异议者，以东南保护之约为不遵朝命，甚至指为海外叛臣，亦无所施其毒螫矣"，所谓"中外固结之冤，以片言解释；上下昏浊之气，以一笔扫除"，故刘坤一读后"不禁拍案叫绝"，认为"西狩以来，惟此次纶音最为得体"[2]。

虽然各省乡试展期时有为之，但清廷对会试展期一直慎之又慎。有清一代会试除"逢闰展期"外仅有一次展期之议，且旋即报罢。同治七年（1868），捻军逼近直隶京畿，而本年恰逢举行戊辰科会试，对于会试是否展期引发一场争议。给事中福宽奏称："本年会试届期，捻逆扰至直隶，道路梗阻……本年闰在四月，为时尚宽，恳饬部查照科场改期例速议展缓一月。"经议覆，朝廷驳回福宽的展期提议："惟遽定展缓试期一

---

[1] 中国史学会主编："中国近代史料丛刊"《义和团》第4册，上海人民出版社、上海书店出版社，2000年影印版，第90页。

[2] 刘坤一：《复盛杏荪》，光绪二十七年正月十六日（1901年3月6日），刘坤一著，中国科学院历史研究所第三所工具书组校点：《刘坤一遗集》第5册，中华书局，1959年，第2281页。

月，则业已到京者恐资斧维艰，未必皆能守候；纵有在途未到者，路途不一，恐亦难遍谕周知；且闱中当差如誊录、对读各项几及千人，给事能坐守多时，又不便令其往返，一切颇多窒碍……所有本年会试，拟仍按期举行。"[1] 朝廷所说还只是表面原因，其真正考量恐怕是担忧国家级别的会试在非常时期展期对社会心理造成巨大冲击从而加剧扰乱人心。

由于谕旨中有"各省已放正副考官，即著回京供职"[2]，故"京官眷属之天津者，悉已折回北京"，然"嗣后纷纷四窜，或走直北，或走山东，流离艰苦，不可

---

[1] 礼部纂辑：《钦定科场条例》卷一，沈云龙主编："近代中国史料丛刊三编"第 48 辑第 471 册，文海出版社，1989 年影印版，第 94—99 页。

[2] 朝廷此举还有防止京官随外放考官潜逃出京的用意，《缘督庐日记》在旨下当日记载："午后，久高来，持到子沂两函，急欲脱身。初欲从凤眷至卫辉，既闻䌹斋使鄂，亦欲从之出都。本非劫中人，出死入生自是正办。但今日已奉旨，直省乡试改于明年三月举行，出使诸公皆回京供职。唯有根生出守，或可挈之去耳。"（叶昌炽著，王季烈编：《缘督庐日记》第 2 册，光绪二十六年六月十五日，北京图书馆出版社，2007 年影印版，第 515 页）䌹斋为吴士鑑字，六月十二日甫放湖北乡试副考官，其父所撰《蕉廊脞录》中记载了此次事变："光绪庚子乡试，各省简放正副考官，寻以拳乱停止考官者十一省。考官多中途折回，或赴行在，或留止他省。迨十月行在简放学政，其前放考官折回者得十一人。予子士鑑，先充湖北考官，未出京，随扈赴行所，亦同时拜命。"吴庆坻撰，刘承幹校，张文其、刘德麟点校：《蕉廊脞录》，中华书局，1990 年，第 64 页。

胜言"[1]。尽管六月十八日朝廷降旨阻拦,并称"京官擅离职守者皆革职"[2],终究无济于事,最后竟至于"汉京官大小在京者,寥寥二三百人。大约不能南还,又不能赴行在者,今冬以公和赈济,尚可支持"[3]。

"国家承平之时,四方之人,以趋京邑为喜。盖士大夫则用功名进取系心,商贾贪舟车南北之利,后生嬉戏,则以纷华盛丽而悦。"[4]而一旦大事临头,纷纷弃都奔走(即叶昌炽日记中所谓"本非劫中人,出死入生自是正办"),让人不免想起南唐刘洞那句"千里长江皆渡马,十年养士得何人"[5]。《庸扰录》的作者

---

[1] 佚名:《庸扰录》,光绪二十六年六月二十三日,中国社会科学院近代史研究所近代史资料编辑室编:《庚子记事》,中华书局,1978年,第262页。

[2] "十八日。今日有旨,京官擅离职守者皆革职。"叶昌炽著,王季烈编:《缘督庐日记》第2册,光绪二十六年六月十八日,北京图书馆出版社,2007年影印版,第516页。

[3] 高枬:《高枬日记》,光绪二十六年十月十七日,中国社会科学院近代史研究所近代史资料编辑室编:《庚子记事》,中华书局,1978年,第214页。

[4] 洪迈:《容斋诗话》,中华书局编辑部编:"丛书集成初编"第526册,中华书局,2011年影印版,第96页。

[5] 刘洞:《残句》,彭定求等编:《全唐诗》第21册卷七四一,中华书局,1980年,第8446页。

时已由京城逃往山西,其虽未在日记上署名,但可以推测他大致是一名京官,恐异日因此获罪,故未署真名。他在日记中这样记录了整个事件:"六月十五日,奉上谕略云:'前次所考各省考官,著悉行回京供职。各省恩科乡试,著一律暂行停止,于明年三月举行,八月再补行会试。'自是人心益乱。"[1]

---

[1] 佚名:《庸扰录》,光绪二十六年六月二十三日,中国社会科学院近代史研究所近代史资料编辑室编:《庚子记事》,中华书局,1978年,第262页。

三、联军入都:"北方议停,南省归并"

光绪二十六年七月二十一日(1900年8月15日)清晨,微雨淅沥,[1]八国联军攻占[2]

[1] 时困居京师的高枬在当天日记中写道:"廿一日,出伏。八十度零,阴,雨意……城内外隔绝,不知两宫消息,奈何奈何。"(高枬:《高枬日记》,光绪二十六年七月廿一日,中国社会科学院近代史研究所近代史资料编辑室编:《庚子记事》,中华书局,1978年,第172—173页)高枬所记"八十度零"为华氏温度,换算为摄氏温度约为26.7℃。由于京师战乱,庚子年北京官方气象记录大都付诸阙如,因而私人的气象记录便显得弥足珍贵。参见曹冀音:《〈高枬日记〉中庚子年间北京私人气象记录及其价值》,《北京档案史料》2002年第4期。

[2] 是否"攻入",从八国联军的角度看,直接关系到清廷到底是交战方还是受教民操纵的受害方,这对于将来的谈判极为重要。因此,京师沦陷的第三日(七月二十四日),张之洞即急电盛宣怀与袁世凯询问此事:"鄂督张急电并致盛京堂、袁慰帅:洋兵入京,是否攻入,抑系说明接入,此层关系甚巨。洞。敬。"[李鸿章著,顾廷龙、戴逸主编:《李鸿章全集》第27册《电报(七)》,安徽教育出版社,

清季科举的展期与停试

"鞑靼城"[1],慈禧太后仓猝间携光绪

2008年,第207页]经护理直隶总督廷雍调查,联军入城为守兵所献:"廷护督保定来电(七月二十八日到):二十一黎明,洋兵入都。砂锅门守城之兵开献。"[李鸿章著,顾廷龙、戴逸主编:《李鸿章全集》第27册《电报(七)》,安徽教育出版社,2008年,第214页]廷雍不知是否已经嗅出"询问"电报背后的深远用意,因无材料佐证,便不得而知了。不过此有意或无意之举客观上极大增加了外围督抚斡旋的话语权,"辛丑和约"有偿款而无割地,此种非交战国关系之转圜实为重要一因。

[1] "鞑靼城"(英文Tartar City,德文Tataren Stadt,法文La Ville Tartare)为清代在华外国传教士对北京内城的惯称。较早可见于清初法国遣华耶稣会士李明(Louis-Daniel Lecomte)与法国国内的通信:"所以北京城是由两个城组成的:一个称之为鞑靼城;另一个名为汉人城,与鞑靼城面积一样大,但人口要多得多。"[〔法〕李明:《第三封信:致富尔斯登堡主教大人》,〔法〕李明著,郭强、龙云、李伟译:《中国近事报道(1687—1692)》,大象出版社,2004年,第64页]直到今日欧洲人的著作中,对当年北京内城照片的标注依然惯性使用"鞑靼城"的称谓。(〔意〕阿德里亚诺·马达罗著,项佳谷译:《1900年的北京》,东方出版社,2006年,第3页)"鞑靼"之名始见于唐中叶,是中国古代北方有多重含义的民族泛称。[参见〔日〕箭内亘:《鞑靼考》,〔日〕箭内亘著,陈捷、陈清泉译:《兀良哈及鞑靼考》卷下,山西人民出版社,2015年影印版,第1—55页;王国维:《鞑靼考》,王国维著,彭林整理:《观堂集林(外二种)》卷第十四《史林六》,河北教育出版社,2003年,第321—344页]此称谓可以使我们进一步注意到义和团战争爆发的"黄祸论"背景。关于"黄祸论"的提法,其远缘可以追溯到匈奴西迁与蒙古西征,其近缘则为甲午中日交战之后,欧洲社会对于崛起的日本、庞大的中国等亚洲国家的敌视情绪。德皇威廉二世(德语:Wilhelm II von Deutschland)将1895年4月24日俄、法、德三国干涉还辽视为"欧洲和我们基督教信仰"第一个共同行动,并

三、联军入都:"北方议停,南省归井"

帝[1]出宫西逃,[2]由此开始了历时一年

命人就此想法付诸画笔,绘制成一幅《黄祸图》,赠送给俄国沙皇尼古拉二世(俄语:Николай II Александрович)。不过,他在致尼古拉二世的附信中还说道:"这对于反对我们共同的内部敌人——无政府主义、共和主义和虚无主义——同样也是必要的。"(《1895年9月26日德皇威廉二世致沙皇尼古拉二世信》,吕浦、张振鹍等编译:《"黄祸论"历史资料选辑》,中国社会科学出版社,1979年,第114—115页)由此可见"黄祸论"的鼓吹并非单纯如威廉所说是为了"欧洲和我们基督教信仰",其还被用作一个舆论工具,以实现对外扩张与对内镇压的双重目的。当《黄祸图》传到俄国时,托尔斯泰则为整个欧洲真正基督精神的失落而忧心忡忡。他不无悲愤地说:"如果日本和中国像我们忘记了基督的教导那样,把释迦和孔子的教导忘得一干二净,那末他们很快就能学会杀人的艺术——他们学这些事是学得很快的,日本就是一个证明。"《列夫·托尔斯泰对威廉二世〈黄祸图〉的评论》,吕浦、张振鹍等编译:《"黄祸论"历史资料选辑》,中国社会科学出版社,1979年,第128页。

[1] 关于晚清不同阶段和不同形式的"两宫制"或"类两宫制"对于中国近代化进程的影响,尚待深入研究,刘厚生在《张謇传记》中曾谓:"两宫垂帘之局定,清朝二百余年之基础即由此动摇矣。"(刘厚生:《张謇传记》,"叙言",上海书店,1985年影印版,第8页)其实不独朝运,国运亦受此影响甚深。

[2] 两宫的出城路线,似乎不应成为问题,然而检阅相关史料,却发现有不同版本的记述。朱寿朋《光绪朝东华录》载为出德胜门:"光绪二十六年七月庚申,慈禧携光绪启銮出德胜门驻园。"(朱寿朋编,张静庐等校点:《光绪朝东华录》第4册,中华书局,1958年,第4536页)恽毓鼎《崇陵传信录》亦载为出德胜门:"七月二十日,英军陷京师。翌日,联军继之,两宫黎明仓皇乘民车出德胜门。"(恽毓鼎:《崇陵传信录》,中国史学会主编:"中国近代史料丛刊"《义和团》第1册,上海人民出版社、上海书店出版社,2000年影印版,第53页)李希圣《庚子国变记》载为由西华门出西直门:"二十一日,

天未明……太后乃青衣,徒步泣涕而出,发不及簪,上素服及后随之。至西华门外,上坐英年车,太后坐载澜车……是日驾出西直门。"(李希圣:《庚子国变记》,中国史学会主编:"中国近代史料丛刊"《义和团》第1册,上海人民出版社、上海书店出版社,2000年影印版,第23—24页)杨典诰《庚子大事记》载为由神武门出西直门:"廿一日,黎明时,皇太后御蓝布夏衫,坐澜公之车,皇上御黑纱长衫,骑马,率同皇后、大阿哥由神武门出西直门,至颐和园小憩。"(杨典诰:《庚子大事记》,中国社会科学院近代史研究所近代史资料编辑室编:《庚子记事》,中华书局,1978年,第94页)那桐在其日记中亦载为由神武门出西直门:"昨、前两夜全家几殉国,相见悲喜交集,同庆再生。询知皇太后、皇上、皇后、大阿哥于廿一日辰刻出神武门、西直门赴昌平州,仓卒西狩。"(那桐著,北京市档案馆编:《那桐日记》上册,光绪二十六年七月二十二日,新华出版社,2006年,第350页)由于朱寿朋书为二手资料,那桐、杨典诰、恽毓鼎、李希圣时困居京师内、外城,事非亲见,且李记有极强渲染色彩,故皆须存疑。如能找到事件亲历人记述则为最佳。笔者恰在《晚清宫廷生活见闻》一书中,找到岳超《庚子—辛丑随銮纪实》一文。岳超,叶赫那拉姓,慈禧侄孙辈,父伊里布,十七岁补神机营管理大臣桂祥(慈禧胞弟)之戈什哈。庚子、辛丑间随驾往返北京、西安等地。岳超记载:"庚子年七月二十一日(一九○○年八月十五日)上午五时许,余照例肩荷英国制十三响快枪,与其他扈从二十余人随护桂祥上朝;至神武门时甫六时,即见御前侍卫、太监、宫女等随慈禧、光绪、隆裕、瑾妃及大阿哥等自宫内徒步走来。到此上朝(页下注:自京师局势紧张后,王公大臣、文武百官每日上朝即不再走东、西华门而走神武门,直入后宫)之各王公大臣约五、六十人及随员、侍从等当即就地跪下。桂祥问:'佛爷上哪儿去?'慈禧似怒气犹未消(出走时曾强制珍妃投井),目光炯炯,神色严峻,仅一摆手而未发一言。桂祥即请上本人所乘朱轮紫韂(页下注:清制,入八分公以上爵位赐朱轮、紫韂、宝石顶、双眼花翎、牛角灯、茶搭子、马坐褥和门钉)之大鞍骡车,由桂祥坐在车外。此轿车上

三、联军入都:"北方议停,南省归并"

部围蓝呢,下围红呢,原为亲贵特种仪仗。光绪乘伦贝子之车,由溥伦跨车外。慈禧衣蓝布大褂,挽'旗头座'式发髻(平常在宫中召见王公大臣时亦曾作此种打扮)……两宫上车后,各王公大臣或骑马,或徒步,踌踌跄跄,随后扈从……经由景山西街出地安门西行。上午八时许,至西直门,忽下细雨。从者未携雨具,悉被淋透,踯躅道中,厥状萧索凄苦。"(岳超:《庚子—辛丑随銮纪实》,中国人民政治协商会议全国委员会文史资料研究委员会编:《晚清宫廷生活见闻》,文史资料出版社,1982 年,第 90—91 页)其中"自京师局势紧张后,王公大臣、文武百官每日上朝即不再走东、西华门而走神武门,直入后宫"一条,非亲近臣工不得而知,并为此后两宫出神武门埋下伏笔。另外从所乘车辆来看,两宫非轻易乘坐臣子之车,若亲贵如桂祥、溥伦者方可权宜为之。故杨典诰记载"皇太后御蓝布夏衫,坐澜公之车,皇上御黑纱长衫,骑马"与李希圣记载"上坐英年车,太后坐载澜车"便有传言虚构成分在内。至于恽毓鼎"仓皇乘民车"的记载更似杜撰。故从两宫所乘车辆合理性的角度,亦可侧面推知岳超所述最接近实情,此为旁证一。旁证二便是当时天气,其阴雨连绵之状也与前文所记相合。故可知慈禧太后和光绪帝为当日六时许出神武门,分别乘桂祥和溥伦车经由景山西街出地安门西行,上午八时许出经西直门"弃国潜逃"。此出逃路线看似无关紧要,但是如果我们把此次几乎是全班文武的"弃国潜逃"放在北京建都史的大背景下,也只有五百多年前元惠宗妥懽帖睦尔君臣"全身而退"堪比。而时人对于此事件感受之强烈远非后人所能想象,如刘坤一写给张之洞的私信中即以"亡国"视之:"况此次创巨痛深,实与亡国无异,若不刻苦自励,何以上回天意,下协群情。"(刘坤一:《复张香涛》,光绪二十七年五月二十七日,刘坤一著,中国科学院历史研究所第三所工具书组校点:《刘坤一遗集》第 5 册,中华书局,1959 年,第 2289 页)庚子十一月,岳超自告奋勇由陕护送辅国公定昌灵柩回京安葬,亦记述道:"京师市街依旧,景色全非,战迹斑斑,蓬蒿满目,一派亡国景象",各国军管地区内之商户、住户,在门前悬挂管辖国国旗,并于旗上大书"某某国

零四个月的流亡播迁生涯。

（一）京师：停科的提出

京师沦陷翌日，崑冈、裕德等滞京官员商拟通过总理各国事务衙门总办章京舒文[1]致函赫德（Robert Hart），以赫德"久任中国，素受皇太后、皇上恩礼优加"，祈求他出面"大力维持"和议，并希望通过他询问各国态度如何。[2]

8月21日下午五时黄昏时分，赫德在崇文门内他的临时公署[3]接待了崑冈、裕德等人。赫德对崑冈再

顺民"字样。岳超：《庚子—辛丑随銮纪实》，中国人民政治协商会议全国委员会文史资料研究委员会编：《晚清宫廷生活见闻》，文史资料出版社，1982年，第100页。

[1] "缘舒与赫德已经浃洽数次，又得日兵驻宅保护，隐然成为办事机关。诸公述赫德言，各公使寻觅庆邸甚急，意在出而议款，甚至邸宅探寻多次。"陈夔龙：《梦蕉亭杂记》，北京古籍出版社，1985年，第31页。庆亲王奕劻当时为总理衙门首席大臣。据钱实甫编：《清代职官年表》第4册，中华书局，1980年，第3025页。

[2]《1900年8月16日（光绪二十六年七月二十二日）总署总办舒文等致赫德函》，中国近代经济史资料丛刊编辑委员会主编：《中国海关与义和团运动》，中华书局，1983年，第25—26页。

[3] 6月13日，赫德在海关内的房子被义和团焚毁。解围后，在崇文门内高井庙设立总税务司临时公署。《大学士崑冈等折（光绪

三、联军入都:"北方议停,南省归井"

三强调,必须让奕劻急速回京谈判,"缘庆王爷在总署办事多年,谨慎和平,为各国所钦佩,是以各国均愿与庆王爷早日商议和局大事",而已被清廷授命为"全权议和大臣"的李鸿章却"来与不来均可"。[1]赫德急于通过奕劻会谈是因为他担心李鸿章亲俄,设法搬出这个位高而昏庸的庆亲王来做"平衡力量"。[2]

这个消息由崑冈报告给了流亡中的清廷,已经行至河北宣化却因病滞留的奕劻于是奉命立即回京。[3]9

二十六年七月二十九日)·照录总税务司赫德复函》,故宫博物院明清档案部编:《义和团档案史料》上册,中华书局,1979年,第496页。

[1] 《大学士崑冈等折(光绪二十六年七月二十九日)·照录与总税务司赫德问答节略》,故宫博物院明清档案部编:《义和团档案史料》上册,中华书局,1979年,第497页。

[2] 〔美〕卢汉超:《赫德传》,上海人民出版社,1986年,第262页。其实早在1898年戊戌政变发生的第二天,赫德凭着他的政治敏感,就觉得政变是"亲俄派取得了胜利",为此他略感忧虑。参见《1898年9月23日赫德致金登干第Z/1132函》,中国第二历史档案馆、中国社会科学院近代史研究所合编:《中国海关密档——赫德、金登干函电汇编(1874—1907)》第6卷,中华书局,1995年,第891页。

[3] 陈夔龙:《梦蕉亭杂记》,北京古籍出版社,1985年,第31页。陈夔龙在《梦蕉亭杂记》还记道:"时两宫正启銮幸太原,接到此折件,即命庆邸迅速入京,并未另简他人,但电催李文忠迅速到京会同办理。第驾幸太原时,竟将庆邸眷属全行携去,亦可以测上意矣。此八月初三日事也。"陈夔龙:《梦蕉亭杂记》,北京古籍出版社,1985年,第31页。

月3日(农历八月初十日),奕劻由英、日军队护送进城。[1] 次日,奕劻即约赫德在地安门外的广化寺内晤谈。[2] 奕劻在信中表示"本爵于初十日已遵旨到京,亟愿面晤阁下,借申积愫"[3]。从赫德与奕劻为和议事相约于古庙初次晤谈算起,到奕劻、李鸿章在"辛丑和约"上签字(1901年9月7日,光绪二十七年七月二十五日),其间整整经历了一年。

1900年10月4日,法国外交大臣康邦(Paul Cambon)首先向参战国政府送交了一份备忘录,作为

---

[1] 与之相对,李鸿章则是乘坐俄舰入津。参见《寄荣中堂电》,光绪二十六年八月十七日(1900年9月10日),李鸿章著,顾廷龙、戴逸主编:《李鸿章全集》第27册《电报(七)》,安徽教育出版社,2008年,第285页。这是由李鸿章多年来对国际形势的把握而形成的外交思路:"在一八九六年,他曾经得出这样一个结论,认为除俄国而外,没有一个西方国家能够贻中国以大患,或是给予中国以有效的帮助,因此为了争取俄国,他情愿付出对方要求的代价。"〔美〕马士:《中华帝国对外关系史》第3卷,上海书店出版社,2006年,第388页。

[2] 历史的相似性有时出人意料,1860年咸丰帝仓皇"北狩"之后,奉命留京的恭亲王奕訢亦在广化寺接见英法联军谈判代表:"庚申恭邸接见洋员,即在此寺。"陈夔龙:《梦蕉亭杂记》,北京古籍出版社,1985年,第31页。

[3] 《1900年9月4日(光绪二十六年八月十一日)庆亲王致赫德函》,中国近代经济史资料丛刊编辑委员会主编:《中国海关与义和团运动》,中华书局,1983年,第32页。

三、联军入都:"北方议停,南省归井"

"进行谈判的基础",其具体内容为:

"由于中国政府已任命庆亲王和李鸿章为全权大臣,现在所讨论的问题是要从中国政府获得对过去事件的适当赔款以及对将来的切实保证。法兰西共和国政府受到了促使各国政府以前发表各项声明的那种精神的鼓舞,提出下列各点作为通常审查全权证书后立即进行谈判的基础:

一、惩罚主要罪犯,这些罪犯应由各国驻北京使节指定;

二、继续禁止军火入口;

三、对各国、团体及个人做出公正的赔偿;

四、在北京建立一支永久性的使馆卫队;

五、拆毁大沽炮台,对天津及大沽途中的两三个地方进行军事占领。"[1]

这份备忘录中,并未见有关"停止考试"的条款。

随后,"法国通牒所提条件,各国均表示原则上

---

[1]《关于中国骚乱的补充函电:中国第五号(1901年)第11件·1900年10月4日康邦先生送交的备忘录》,胡滨译,丁名楠、余绳武校:《英国蓝皮书有关义和团运动资料选译》,中华书局,1980年,第328页。

接受，可能作为联合照会的基础"[1]。但是，"各国使节于10月8日举行会议，一致同意下列几点：……二、所处的惩罚不是很严厉；三、惩罚在北京执行"[2]。

而当李鸿章于10月11日（闰八月十八日）抵京后，[3]接到赫德密送来的节略，[4]得知事态发生了些微的变化：

"现闻各国应定之条款内，另有数事，兹特开列于后：……（第7条／共9条——引者注）戕害教士之各省、府、州、县应停科考若干年"，并叮嘱"此节略不过系先行告知王爷、中堂，似有此数条事件，应请

---

[1] 《1900年10月12日伦敦来电》，中国近代经济史资料丛刊编辑委员会主编：《中国海关与义和团运动》，中华书局，1983年，第13页。

[2] 《窦纳乐爵士致索尔兹伯理侯爵电》，1900年10月9日发自北京，胡滨译，丁名楠、余绳武校：《英国蓝皮书有关义和团运动资料选译》，中华书局，1980年，第342—343页。

[3] 李鸿章抵京后即住贤良寺直至身殁。"贤良寺以近临禁城，旧时封疆大吏入觐者，若曾文正、李文忠、袁项城，均曾居之。庚子议和之役，以是为办公处所。民六复辟之役，康南海、沈子培、王病山亦同寓此。"原北平市政府秘书处编：《旧都文物略》卷七《名胜略·上》，书目文献出版社，1986年，第142页。

[4] 赫德被清政府聘为谈判顾问，在整个谈判过程中，他不断向清政府递陈节略，其中与和议直接有关的就有《围攻使臣始末节略》八件，《赔款节略》四件，此外尚有如何统筹全局的《更新节略》。

三、联军入都:"北方议停,南省归井"

事前毋庸向外人谈及为妥"[1]。

原来,就在10月10日(闰八月十七日),也即李鸿章抵京前一日,各国使节再次小范围召开会议,"俄、奥、荷等国使馆没有代表出席这次会议。一、有人建议说:应把所有那些在农村积极参与煽动屠杀的官员们包括在惩罚范围之内,那些官员的姓名以后由各国使节查明;此外作为防止今后骚乱的一项措施(它或许比任何其他措施更为有效),在五年内,凡外国人被杀害的所有城镇停止举行任何正式考试"[2]。

在后来的一次会议(10月31日)上,各国使节同意在"被杀害"字样后面,"应增加'或曾遭到残酷虐待的人们'等字样"。[3]

故此,就有了12月24日(十一月初三日)各国

---

[1] 赫德:《围攻使臣始末节略(四)》,1900年10月13日至10月25日,中国近代经济史资料丛刊编辑委员会主编:《中国海关与义和团运动》,中华书局,1983年,第39页。

[2]《萨道义爵士致索尔兹伯理侯爵函》,1900年12月24日收到,胡滨译,丁名楠、余绳武校:《英国蓝皮书有关义和团运动资料选译》,中华书局,1980年,第393页。

[3]《萨道义爵士致索尔兹伯理侯爵函》,1900年12月24日收到,胡滨译,丁名楠、余绳武校:《英国蓝皮书有关义和团运动资料选译》,中华书局,1980年,第394页。

正式递交给清廷照会底本中"停考五年"的条款:

"下面是拟定送交中国全权大臣的照会译文,照会的原文系法文:第一款,谢罪立碑……第二款(一)惩办祸首;(二)在外国人被杀害或遭受虐待的所有城镇,停止一切正式考试五年。"[1]

英国公使萨道义在向国内汇报情况时说道:"照会于今天在首席公使馆邸递交给庆亲王,在场的有各国使节……庆亲王在答词中说:他将立即把该照会电告西安;一旦收到答复后,他便马上通知。"[2]

---

[1]《萨道义爵士致兰士敦侯爵电》,1900年11月30日,胡滨译,丁名楠、余绳武校:《英国蓝皮书有关义和团运动资料选译》,中华书局,1980年,第372页。江汉关税务司何文德(J. H. Hunt)致赫德函中诉说了张之洞对此条款的看法:"总督昨天又请我去,他想知道各国使臣交给中国全权的和议大纲十二款前面的四项总目,将来是否会列入和约。我说由于诸多国家的关系,这个问题很难回答……总督特别反对第二项。"(《江汉关税务司何文德致赫德函》,1901年1月10日,中国近代经济史资料丛刊编辑委员会主编:《中国海关与义和团运动》,中华书局,1983年,第81页)而英国公使萨道义(Sir Ernest Mason Satow)则说:"我认为,对他们进行考验的最好条款是第二款。"《萨道义爵士致兰士敦侯爵电》,1901年1月18日发自北京,胡滨译,丁名楠、余绳武校:《英国蓝皮书有关义和团运动资料选译》,中华书局,1980年,第408页。

[2]《萨道义爵士致兰士敦侯爵电》,1900年12月24日发自北京、26日收到,胡滨译,丁名楠、余绳武校:《英国蓝皮书有关义和团运动资料选译》,中华书局,1980年,第398页。

三、联军入都:"北方议停,南省归并"

(二)西安行在:"补救一分是一分"

接到各国联合照会,李鸿章、奕劻不敢怠慢,当日(十一月初三日,12月24日)下午就将会晤情况及照会内容电奏西安行在:

"寄西安行在军机处:臣奕劻本日巳刻前往日馆,与十一国使臣会晤,由该使等面交华文、法文、英文、德文条款各一份……第二款,西历九月二十五日,即中历闰八月初二日上谕内及日后各国驻京大臣指出之人等,皆须照应得之罪,分别轻重尽法严惩,以蔽其辜;诸国人民被戕害、陵虐之各城镇,五年内概不得举行文、武各等考试……奕劻、李鸿章。江。"[1]

西安行在第二日(十一月初四,12月25日)接到电奏后,两宫立即召见行在军机大臣会商此事:

"盛京堂转荣相等来电:密……东电已进呈。数月来,贵王、大臣煞费苦心,为难情形可想。荣禄等于

---

[1]《寄西安行在军机处》,光绪二十六年十一月初三日(1900年12月24日)申刻,李鸿章著,顾廷龙、戴逸主编:《李鸿章全集》第27册《电报(七)》,安徽教育出版社,2008年,第473页。

本日召见时，亦经剀切缕陈。上意亦谓，大纲十二条不能不照允，惟其中利害重轻、详细节目尚须竭力磋磨……务祈审度情形，妥筹磋磨，补救一分是一分耳"，对于其中罚停考试一节，荣禄在电文中特别提到："须指明焚毁教堂及伤害洋人各州、县学政岁、科试而言。若议及乡、会试，亦须指明焚毁教堂及伤害洋人各州、县不准预考。如牵涉全省，则下届即系万寿恩科，务须设法顾全。宣转。未。"[1]

十一月初六日，西安行在向北京寄发电旨再次嘱咐："所有十二条大纲，应即照允。惟其中利害轻重、详细节目，仍照昨日荣禄等电信各节，设法婉商磋磨，尚冀稍资补救。钦此。"[2]

---

[1]《盛京堂转荣相等来电》，光绪二十六年十一月初六日（12月27日）未刻到，中国第一历史档案馆编：《清代军机处电报档汇编》第2册《电寄谕旨档》，中国人民大学出版社，2005年影印版，第293—294页。

[2]《盛京堂转西安来电》，光绪二十六年十一月初七日（12月28日）午刻到，李鸿章著，顾廷龙、戴逸主编：《李鸿章全集》第27册《电报（七）》，安徽教育出版社，2008年，第482页。刘坤一读到电旨后不禁亦向李鸿章发出"补救一分是一分"的吁告："初六旨读之涕泗，圣意已允枢电各条，王爷、中堂必筹之已熟，各国能否容我磋磨，惟有相机因应。索办祸首，内外相去尚远，赔款筹来源尤枯窘。其余各款细目，补救一分是一分。坤。阳。"《沪转江督刘来电》，

三、联军入都:"北方议停,南省归并"

十一月初七日,接到电旨的李鸿章再电寄西安行在军机处,言语间亦颇为难:"条款大纲既奉俞允,容即照会各使,订期再晤。各国宗旨皆以此次肇祸甚巨,所交各款系属各国公同签定,无可商改。晤时只能就款引申其义,相机补救,唯力是视,总以不败和局为主。"[1]

所谓"补救一分是一分",在当时情况下尚是相对乐观的提法,而那句"知其不可而为之",也许更能描述李鸿章等人实在的心境。

(三)东南诸省:再次展期,"恩正归并"

正当"各国公使们正在协商,以便在会晤庆亲王和李鸿章以前,取得一致意见"[2]时,"每一国家都想

光绪二十六年十一月初九日(12月30日)到,李鸿章著,顾廷龙、戴逸主编:《李鸿章全集》第27册《电报(七)》,安徽教育出版社,2008年,第484页。

[1] 《寄西安行在军机处》,光绪二十六年十一月初七日(12月28日),李鸿章著,顾廷龙、戴逸主编:《李鸿章全集》第27册《电报(七)》,安徽教育出版社,2008年,第482页。

[2] 《1900年10月28日北京去函(未编号)》,中国近代经济史资料丛刊编辑委员会主编:《中国海关与义和团运动》,中华书局,1983年,第14—15页。

推行他自己的一套,而人人为许多小事争吵不休"[1]。就在"庆亲王毫无办法,静候谈判"[2]之际,由刘坤一领衔,两江、两湖、四川会奏的"乡会恩正两科请归并下年举行折"被寄往西安行在:

"窃于本年六月十五日奉上谕……当经转行所属,出示晓谕,钦遵在案。现距明年三月甚近,一切事宜即应预为举办;而人心尚未大定,各省正在筹防,诸务倥偬,军书络绎。试期将届,仍觉兼顾为难;且各省屡有偏灾,民情困苦,士子连年应试,实力有未逮",因此"拟恳天恩,将明年应行庚子恩科乡试,展至八月初八日与壬寅年行庚子正科乡试归并举行,再于次年归并会试;其武乡、会试一体仿照办理,庶恤士、节费两有裨益。"[3]

---

[1] 《1900年11月7日北京去电新字第632号》,中国近代经济史资料丛刊编辑委员会主编:《中国海关与义和团运动》,中华书局,1983年,第16页。

[2] 《1900年11月7日北京去电新字第632号》,中国近代经济史资料丛刊编辑委员会主编:《中国海关与义和团运动》,中华书局,1983年,第16页。

[3] 刘坤一:《乡会恩正两科请归并下年举行折》,光绪二十六年十月十八日(1900年12月9日),刘坤一著,中国科学院历史研究所第三所工具书组校点:《刘坤一遗集》第3册,中华书局,1959年,第1252—1253页。

三、联军入都:"北方议停,南省归并"

此折在路途期间,袁世凯于十一月十九日(1901年1月9日)单独具折,亦请将恩正两科乡会试归并举行:

"本年六月间,钦奉上谕……惟查现已仲冬,军务未竣,转瞬试期将届,深虑兼顾为难,且东省各属屡告偏灾,民情困苦,若士子连年应试,力有未逮。正拟奏请展缓归并间,适接两江总督臣刘坤一电称,已会同三江、两湖、四川,奏请将恩正两科乡、会试与二十七年八月秋闱,二十八年三月春闱归并举行,等语。臣查山东情事相同……援照两江督臣刘坤一等会奏成案,一律归并举行,以恤士子而节经费。"[1]

袁世凯此片言词语气颇似抄袭刘坤一折,而"正拟奏请展缓归并间,适接两江总督臣刘坤一电称,已会同三江、两湖、四川奏请……"一句,似乎是双方不约而同想出此策而为刘坤一等人抢先上奏,袁氏反客为主之术于此可见。

十二月初五日(1901年1月24日),刘坤一等人

---

[1] 袁世凯:《请将恩正两科乡会试归并举行片》,光绪二十六年十一月十九日(1901年1月9日),袁世凯著,廖一中、罗真容整理:《袁世凯奏议》上册,天津古籍出版社,1987年,第238—239页。

的奏折到达西安后的第二天,即电旨允其"展缓归并",并颁行各省:

"奉旨,昨据刘坤一等合词吁请,将两江、两湖、四川庚子、辛丑恩正两科乡试归并于二十七年八月举行,恩正两科会试归并于二十八年三月举行,业经照允。此外,各省文、武乡试即著一律展缓归并,将此电谕知之。钦此。"[1]

从"春乡秋会"、恩正相连到恩正"展缓归并",在当时诸务倥偬、军书络绎的情况下不失为一种权宜选择。但刘坤一等人此时对"东南互保"之举尚有余悸,而且因为戊戌政变之后,政治改革几成讳语,故只能以本省情形上奏而未敢言及全局。不过,刘坤一等人此奏的客观效果却是促成了全国范围内的恩正展缓归并,这也无形中给东南督抚以某种"政治宽容"的信号释放和暗示。而当十二月二十六日(1901年2月14日)朝廷正式发布"销除矫诏"谕旨,以释内外疑心,加之朝廷于翌年发布改革上谕,东南督抚方逐

---

[1]《奉旨各省文武乡试著一律展缓归并事》,光绪二十六年十二月初五日(1901年1月24日),中国第一历史档案馆编:《清代军机处电报档汇编》第2册《电寄谕旨档》,中国人民大学出版社,2005年影印版,第307页。

三、联军入都:"北方议停,南省归并"

渐敢以"全局"与"改革"之事自任,并将其在正式的奏折话语中托出。

有清一代会试"恩正并科"仅有两例[1]:一例为嘉庆元年丙辰科,本为正科会试年份,恰逢嘉庆帝登极,遂改为登极恩科会试,其结果虽相当于"恩正并科",但"恩正并科"四字并未见于朝廷明谕;[2]另一例即是此次"恩正归并"的"壬寅年补行恩正并科会试"。此次会试作为一个历史名词仅存在大约三个月,因"辛丑展期"的提出,这一称谓又变得模糊起来。[3]

---

[1] 刘坤一在《乡会恩正两科请归并下年举行折》中提及并引为例案的同治军兴时期的"恩科归并正科举行"[刘坤一:《乡会恩正两科请归并下年举行折》,光绪二十六年十月十八日(1900年12月9日),刘坤一著,中国科学院历史研究所第三所工具书组校点:《刘坤一遗集》第3册,中华书局,1959年,第1253页],据本书第一章相关论述可知,主要是指各省乡试层面的展缓归并,而不涉及国家级别的会试。

[2] 礼部纂辑:《钦定科场条例》卷一,沈云龙主编:"近代中国史料丛刊三编"第48辑471册,文海出版社,1989年影印版,第118页。

[3] 该名词的正式终结为光绪二十七年十月二十四日(1901年12月4日):"是日奉谕:明年会试,著展至癸卯年举行。"吴永口述,刘治襄记:《庚子西狩丛谈》,岳麓书社,1985年,第121页。

四、内外胶着:辛丑展期的中枢阻隔

(一)辛丑展期的提出

转瞬乡试期届,行科又提上议事日程,此次首先由顺天发问。光绪二十七年二月十三日(4月1日),奕劻、李鸿章会同顺天学政兼兵部右侍郎陆宝忠、兵部尚书兼管顺天府事徐会沣、顺天府尹陈夔龙附片具奏,请求顺天乡试再次展期:

"再,顺直军务未竣,各国洋兵往来如织,各府、州、县道途通塞靡常。臣宝忠接印后晤商臣鸿章等,察看情形,一时未能开考。应俟和议事竣,各国撤兵,再

四、内外胶着:辛丑展期的中枢阻隔

行查明完善地方及非条款停考之处,次第按试。"[1]

朝廷于二月二十四日(4月12日)仅在折后朱批"知道了"三字,未置可否。

不久,军机处又收到陕甘总督崧蕃电,询问本年乡试是否举行:

"本年各直省恩正并科乡试是否准行?请先为示知,以免各考生奔驰赴省,谨电。蕃。江。"[2]

这次军机处随即复电,表示乡试照例举行:"江电悉。本年恩正并科乡试照例举行。枢。支。"[3]并于三月初十日(4月28日)致电在京的东阁大学士崑冈,令其筹办乡试应放考官事宜:"本年乡试应放试差之翰詹、科道、部曹、中书刻下在京各员,希即确切查明,

---

[1]《顺直未能按期开考片》,光绪二十七年二月十三日(4月1日),李鸿章著,顾廷龙、戴逸主编:《李鸿章全集》第16册《奏议(十六)》,安徽教育出版社,2008年,第252页。

[2]《收陕甘总督崧蕃电》,光绪二十七年三月初四日(4月22日)到,中国第一历史档案馆编:《清代军机处电报档汇编》第21册《电报档》,中国人民大学出版社,2005年影印版,第421页。

[3]《发陕甘总督崧蕃电》,光绪二十七年三月初四日(4月22日),中国第一历史档案馆编:《清代军机处电报档汇编》第2册《电寄谕旨档》,中国人民大学出版社,2005年影印版,第396页。

开单咨送本处,勿迟为要。枢。青。"[1]

而此时的刘坤一与张之洞也正在私下商谈本年乡试事宜。三月初五日,刘坤一致电张之洞"垂询乡试事",张之洞于三月十一日(4月29日)复电,表述了自己对此事的看法:

"鄙意大局未定,回銮尚难定期。京师贡院已经全毁,今年顺天首善断不能开科。长江一带,匪徒未靖,骤聚一两万人,隐忧弥大。加之秦、晋奇荒,近畿兵燹,流亡都未复业。似仍以奏请再展缓一年为妥。尊意如以为然,祈即电商枢桓,商妥再电奏。请酌示。真。"[2]

刘坤一收到张之洞复电,得知两人看法一致,即于当日(三月十一日,4月29日)寄电西安行在军机处,请求"将乡会试再展一年":

首先是内情,基本罗列张之洞复信中的说法,"大局未定,回銮尚难定期。京师贡院被焚,今年顺天势

---

[1] 《发东阁大学士崑冈电》,光绪二十七年三月初十日(4月28日),中国第一历史档案馆编:《清代军机处电报档汇编》第2册《电寄谕旨档》,中国人民大学出版社,2005年影印版,第399页。

[2] 《致江宁刘制台》,光绪二十七年三月十一日(4月29日)巳刻发,张之洞著,苑书义等主编:《张之洞全集》第10册《电牍》,河北人民出版社,1998年,第8556页。

四、内外胶着：辛丑展期的中枢阻隔

不能开科。长江一带，匪徒未靖，骤聚数万人，隐忧弥大。秦、晋奇荒，近畿兵燹，流亡都未复业"，再有是外情，此为刘坤一另加："且和议条款暂停滋事地方考试，究停何处，尚未议定，亦有窒碍之处，似以展缓为宜"，然而，"惟敝处已奏展两次"，故刘坤一这次祈请军机处，"本年可否由钧处面奏请旨，将乡、会试再展一年，祈酌裁电复"。[1]

三月初四日军机处甫答复崧蕃本年乡试可以举行，初十日又致电崑冈令其筹办乡试应放考官事宜，而刘坤一等人突然于此时提出乡、会试再展一年，此种"不协"之情形不得不令西安行在考虑如何措置和应对。为摸清各地方举行考试"有无窒碍"，三月十三日（5月1日）西安行在采取由行在军机处一体向督抚寄发电旨的方式（因系元日电旨，简称"元电"），询问各地方情形以及能否举行本年乡试：

---

[1] 《寄西安行在军机处》，光绪二十七年三月初十日（4月28日），刘坤一著，中国科学院历史研究所第三所工具书组校点：《刘坤一遗集》第6册，中华书局，1959年，第2620页。该电信与张之洞三月十一日（4月29日）《致江宁刘制台》电类似，此电在《刘坤一遗集》中系日似有误（集中所收电稿末尾无代日韵目），推测此电应为后一日也即三月十一日（4月29日）发。

"奉旨，各直省乡试前已降旨，将恩正两科归并于今年秋间举行。现在和局将定，各省士子观光志切，自应仍遵前旨一律举行，著该督抚各就地方情形详细体察，有无窒碍之处，迅即据实电奏。钦此。"[1]

从电旨措辞中，可以明显读出，朝廷于乱离之世恐再失士心，实在不欲再度乡、会试展期。然而，事态的发展出乎朝廷的预料和期望。

（二）"元电"回复：两江打头，其余效仿

三日之后，西安接到来自南京的第一份复电：

"刘坤一、聂缉椝、王之春电：来电旨垂询乡试事。朝廷嘉惠士林，本应一律开考，惟世局尚未大定，长江一带匪徒思蠢。接英领事函，近日确闻票匪[2]、盐

---

[1] 《著各督抚体察地方情形事》，光绪二十七年三月十三日（5月1日），中国第一历史档案馆编：《清代军机处电报档汇编》第2册《电寄谕旨档》，中国人民大学出版社，2005年影印版，第404页。

[2] 指富有票，"先是汉口发见'富有''贵为'两种签票，系组织革命机关，仿哥老会开堂放票之法，以是加入党标帜。为首唐才常，系康南海门人，故票中分嵌'有为'两字。唐旋以破案被戮，故有通缉余党之事"。（吴永口述，刘治襄记：《庚子西狩丛谈》，岳麓书社，1985年，第79页）另据张之洞调查，"持有此票，即可向该匪首处

四、内外胶着:辛丑展期的中枢阻隔

匪[1]、游勇及各会拟在长江合伙定期起事,等语。又经访阅有回天票匪运□(影印原件字体难辨,故阙——引者注,下同)十万,并炸药多箱入江。正在通饬严密防范,认真拿获。若照常开考,骤聚上下江数万人,于省城稽查难周,奸宄易于混进,深恐滋生事端。坤等往返电商,并面言司道,均以展缓为宜。可否仰恳天恩,俯准本年乡试展至明年秋间举行,伏候圣裁。谨据实电陈,请代奏。咸。"[2]

此电三月十六日(5月4日)到达西安行在当日,军机处即奉旨允其展缓江南乡试:"奉旨,刘坤一等电悉,江南乡试着准其展至明年秋间举行,钦此。"[3]第

领钱一千文,以后乘坐怡和、太古轮船不索船价;并云中国即将大乱,以后持票即可保家"。张之洞著,苑书义等主编:《张之洞全集》第2册《奏议》,河北人民出版社,1998年,第1373页。

[1] 张之洞曾在奏折中提到:"自强要政……惟有先办盐厘加价一事。"[《致陕州行在军机处》,光绪二十七年九月十一日(10月22日),张之洞著,苑书义等主编:《张之洞全集》第3册《奏议》,河北人民出版社,1998年,第2225页]"辛丑和约"将原属户部的盐课、常关税值百抽五做赔款抵押,为多筹款,盐厘加价,以致私贩更众。

[2] 《收两江总督刘坤一电》,光绪二十七年三月十六日(5月4日)到,中国第一历史档案馆编:《清代军机处电报档汇编》第21册《电报档》,中国人民大学出版社,2005年影印版,第492页。

[3] 中国第一历史档案馆编:《清代军机处电报档汇编》第2册《电寄谕旨档》,中国人民大学出版社,2005年影印版,第411页。

二日(三月十七日),张之洞复电至,同被允准。[1]此后,南省便纷纷效仿。

三月十八日(5月6日)军机处收到四川总督奎俊电;[2]在三月二十一日(5月9日)一天,就收到闽浙总督许应骙、[3]山东巡抚袁世凯、[4]湖南巡抚俞廉三、[5]江西

[1] 张之洞电奏与刘坤一电奏内容大致相同,只是在末尾加上"且顺天贡院拆毁已尽,猝难修复,明春断不能举行会试,似展缓一年于士林登进之阶,亦尚无妨"一语。参见《致西安行在军机处》,光绪二十七年三月十六日(5月4日)辰刻发,张之洞著,苑书义等主编:《张之洞全集》第3册《奏议》,河北人民出版社,1998年,第2210—2211页。

[2] 《收四川总督奎俊电》,光绪二十七年三月十八日(5月6日)到,中国第一历史档案馆编:《清代军机处电报档汇编》第21册《电报档》,中国人民大学出版社,2005年影印版,第502页。该电到达西安行在当日(三月十八日)即奉电旨:"奎俊电悉,四川乡试著准其展至明年秋间举行。钦此。"中国第一历史档案馆编:《清代军机处电报档汇编》第2册《电寄谕旨档》,中国人民大学出版社,2005年影印版,第413页。

[3] 《收闽浙总督许应骙电》,光绪二十七年三月二十一日(5月9日)到,中国第一历史档案馆编:《清代军机处电报档汇编》第21册《电报档》,中国人民大学出版社,2005年影印版,第507—508页。

[4] 《收山东巡抚袁世凯电》,光绪二十七年三月二十一日(5月9日)到,中国第一历史档案馆编:《清代军机处电报档汇编》第21册《电报档》,中国人民大学出版社,2005年影印版,第509—510页。

[5] 《收湖南巡抚俞廉三电》,光绪二十七年三月二十一日(5月9日)到,中国第一历史档案馆编:《清代军机处电报档汇编》第21册《电报档》,中国人民大学出版社,2005年影印版,第513—514页。

四、内外胶着:辛丑展期的中枢阻隔

巡抚李兴锐、[1]署浙江巡抚余联沅[2]等五封请求本省乡试展期的电奏。至于原因,无非江、楚电奏已申明的"教案未结","匪徒不靖","散勇、饥民乘机煽动",士子云集省垣"稽察难周",等等,四川甚至连"春间缺雨歉收,地方时虞滋事"亦写入其中,而浙江、江西则直言不讳踵随江楚,浙江方面恳请"援照江、鄂各省展至明年秋间举行"[3],江西方面竟将"江西与江、鄂均系连界省份"这一地理因素也列入其中:"兹准两江、两鄂各督抚电,称江南、湖北乡试均奏奉谕旨展期一年。查江西与江、鄂均系连界省份,江、鄂既经展期,江西应否援案奏请展至明年举行,以昭划一。"[4] 湖南

---

[1] 《收江西巡抚李兴锐电》,光绪二十七年三月二十一日(5月9日)到,中国第一历史档案馆编:《清代军机处电报档汇编》第21册《电报档》,中国人民大学出版社,2005年影印版,第515页。

[2] 《收署浙江巡抚余联沅电》,光绪二十七年三月二十一日(5月9日)到,中国第一历史档案馆编:《清代军机处电报档汇编》第21册《电报档》,中国人民大学出版社,2005年影印版,第518页。

[3] 《收署浙江巡抚余联沅电》,光绪二十七年三月二十一日(5月9日)到,中国第一历史档案馆编:《清代军机处电报档汇编》第21册《电报档》,中国人民大学出版社,2005年影印版,第518页。

[4] 《收江西巡抚李兴锐电》,光绪二十七年三月二十一日(5月9日)到,中国第一历史档案馆编:《清代军机处电报档汇编》第21册《电报档》,中国人民大学出版社,2005年影印版,第515页。

方面称"倘各省一律举行,湖南自难独异,如沿江省份展缓办理,则湘省亦请展缓一年"[1]。言下颇有"恃众要挟"之意。不过,此种情形也让人感到所谓举行乡试"窒碍之处",不过是东南督抚"虚张声势"的联袂之举。

西安行在军机处于收到六省电奏当天,分别准许四川、福建、山东、湖南、江西、浙江六省乡试展期,仅在三月二十一日当天,就连发五道"允许展期"电旨,其发旨密度之集中,实属罕见。[2] 朝廷的这种"轻率"举动,[3] 引起了一个人的不满,而对于东南督抚"轻易得来"的胜利果实,也因为此人的出现变得棘手起来。

---

[1] 《收湖南巡抚俞廉三电》,光绪二十七年三月二十一日(5月9日)到,中国第一历史档案馆编:《清代军机处电报档汇编》第21册《电报档》,中国人民大学出版社,2005年影印版,第513—514页。

[2] 中国第一历史档案馆编:《清代军机处电报档汇编》第2册《电寄谕旨档》,中国人民大学出版社,2005年影印版,第417—418页。

[3] 关于西安朝廷类似"应激式"的批复与准奏,固然与两宫仓皇播迁、惊魂未定有关,但更主要也更为现实的因素应是信息匮乏所导致的决策能力下降。虽然当时的西安行在(权力决策中心)与北京(外交谈判中心)、东南(改革助推中心)鼎足而三,但由于西安行在处于信息流的末端,这无疑大大削减了其对于全局的把握能力与决策能力,而李鸿章与东南地方通过电报及时通报和交换各种信息,多数情况下先达成共识然后再奏报西安朝廷。西安朝廷由于缺乏其他信息来源,一般情况下基本按照督抚思路予以表态和批准。

四、内外胶着：辛丑展期的中枢阻隔

（三）"停办乡试有碍大局"：张百熙"驳议"

三月二十六日（宥日，5月14日）朝廷特发电旨（简称"宥电"），特地指出"究竟各该省实在情形如何，著再详细体察"：

"奉旨，本年恩正并科乡试前据各该督抚电请停办，已依议行矣。兹有人奏'停办乡试有碍大局，请照旧举行，以定人心'，究竟各该省实在情形如何，著再详细体察。本日另有六百里寄谕垂询，并将原折钞给阅看。俟寄谕到后即行电复。钦此。"[1]

朝廷在有人提醒之下似乎意识到督抚此前奏报非尽实情，其寄谕所寄对象直是一幅昔日"东南互保"群像：

"军机大臣字寄两江总督刘、湖广总督张、四川总督奎、闽浙总督许、湖南巡抚俞、江西巡抚李、山东巡抚袁，传谕署理浙江巡抚余。光绪二十七年三月

---

[1] 《奉旨著详察各省停办乡试实在情形事》，光绪二十七年三月二十六日（5月14日），中国第一历史档案馆编：《清代军机处电报档汇编》第2册《电寄谕旨档》，中国人民大学出版社，2005年影印版，第423页。

二十六日奉上谕：张百熙奏'停办乡试有碍大局，请照旧举行，以定人心'一折，[1]本年恩正并科乡试原应一体举行，展缓本非得已，著刘坤一、张之洞、奎俊、许应骙、俞廉三、李兴锐、袁世凯、余联沅各就地方实在情形，再行详细体察，迅速复电，原折均著钞给

---

[1] 此折应在三月二十一日至二十六日间，查《张百熙集》（张百熙著，谭承耕、李龙如校点：《张百熙集》，岳麓书社，2008年）及中国第一历史档案馆"宫中朱批档"，均无所见。据《缘督庐日记》光绪二十七年三月初八日记载，当时瞿鸿禨亦不以展缓乡试为然："途遇朱艾卿。昨日凤石函述，瞿子玖尚书到秦言：'各省士习嚣然不靖，乡试万不可展。'欲分为水陆两途，以秦、晋、陇、蜀、齐、豫、滇、黔由行在乘车召出山，其余各省电简京员由轮船航海以省材官供帐。"（叶昌炽著，王季烈编：《缘督庐日记》第3册，光绪二十七年三月初八日，北京图书馆出版社，2007年影印版，第28页）张百熙此奏与瞿鸿禨之议相合，不知是两人不约而同还是出自某方授意。另据毕业于京师大学堂的徐一士《一士谭荟》记载：光绪二十七年三月初三日谕"应诏陈言"一事，中外大臣皆有条奏，瞿鸿禨是月二十三日递折，所陈四条，主张择要以图，行之以渐。大略谓："今日情形，譬如大病之后，元气尽伤，不独攻伐之剂不可妄施，亦岂能骤投竣补？若欲百废俱兴，一时并举，不惟无此财力，正恐分更罔济。"瞿鸿禨因此而参赞军机。（徐一士：《一士谭荟》，"瞿鸿禨与张百熙"条，荣孟源、章伯锋主编：《近代稗海》第2辑，四川人民出版社，1985年，第370页）据此推测，瞿鸿禨与张百熙似皆为"渐革派"，与之相比，东南督抚稍显"急进"色彩，其中以张之洞、袁世凯两人最为明显。数年后废科之议出自此二人之手，不能不说有此"行为惯习"自然延展之影响。

四、内外胶着:辛丑展期的中枢阻隔

阅看,将此由六百里各谕令知之。钦此。"[1]

寄谕特地指出将督抚原折"钞给阅看",显然朝廷发觉地方督抚有互通嫌疑,因而有责备之意。不过朝廷在此寄谕中将"提醒人"张百熙揭出,也实在不是什么明智之举。张百熙此后一系列改革的受挫不能不说与地方督抚的关系"裂缝"有相当的干系,而此次双方的直接冲突无疑是造成"裂缝"的重要助缘之一。

四月初一日(5月18日),军机处又告知行在两宫,"本年恩正并科乡试据广东、广西、云南、贵州、河南、甘肃六省先后电复,均可举行。除请缓各省经张百熙条奏,复降旨询问,俟覆到再行具奏折"[2]。

"六省先后电复,均可举行"的消息无疑使东南督抚的处境更加孤立与难堪。

---

[1] 《寄谕刘坤一等著将停办乡试地方实情电复事》,光绪二十七年三月二十六日(5月14日),中国第一历史档案馆编:《清代军机处电报档汇编》第2册《电寄谕旨档》,中国人民大学出版社,2005年影印版,第424页。

[2] 王彦威辑,王亮编:《西巡大事记》卷八,《清季外交史料》第9册,文海出版社,1988年影印版,第4453页。

（四）晋省"拟恳仍缓一届"：岑春煊"介入"

正当西安行在与东南胶着之时，岑春煊"突上"一折，请求展缓山西乡试：

"前奉电旨饬查本年举行乡试有无窒碍，当以未悉条约停考以何，分别覆奏，一面□饬司道筹议。兹据司道详称，'晋省上年遭拳匪肆扰，加以灾歉筹赈、筹防，库空如洗。而教案赔款更须就地匀筹，财力万分支绌。科场一切经费甚钜，尤属无从措手，请奏恳展缓。'前来煊覆查，晋省支绌情形似于举行乡试一事不无窒碍，拟恳仍缓一届，待下年察看情形再行奏请并科举行，以纾民力。是否有当，谨请代奏请旨。冬。"[1]

如果张百熙令东南猝不及防，岑春煊则令中枢哭笑不得；但无论如何，此举客观上一定程度缓解

---

[1]《收山西巡抚岑春煊电》，光绪二十七年四月初二日（5月19日），中国第一历史档案馆编：《清代军机处电报档汇编》第22册《电报档》，中国人民大学出版社，2005年影印版，第3页。岑春煊电奏结尾"谨请代奏请旨"尤能彰显其恃宠之姿态与在两宫面前特殊之地位。

了双方的拉锯张力,稍解东南之围。至于此举是岑春煊无意为之,还是有意为之或者经东南督抚授意,目前尚无确切材料佐证。不过笔者认为后者的可能性极大。一个可以类比的例子是在光绪二十七年十月十四日(1901年12月4日),张之洞在致岑春煊的密电中即利用其"天眷优渥",托岑春煊婉劝正驻跸开封的两宫化解"满、汉畛域"之类的敏感问题:"再,更有上上之意,如能化满、汉畛域,则天下大局立见转机,赔款易筹,乱党亦不作矣。但此事不易言,公天眷优渥,不知能相机婉陈否?"[1]故此次仍有江、鄂密托"天眷优渥"的岑氏解围之可能。[2]

---

[1] 《致太原岑抚台》,光绪二十七年十月十四日(12月14日)巳刻,张之洞著,苑书义等主编:《张之洞全集》第10册《电牍》,河北人民出版社,1998年,第8655页。

[2] 时人有谓岑春煊不学无术,"有友自沪来,闻郑孝胥评论时人,颇滑稽,谓岑春煊不学无术,公(指张之洞——引者注)有学无术,袁世凯不学有术"。(刘禺生撰,钱实甫点校:《世载堂杂忆》,中华书局,1997年,第58页)但陈夔龙在《梦蕉亭杂记》中却不以为然:"西林不学无术,此言不尽然。"(陈夔龙:《梦蕉亭杂记》,北京古籍出版社,1985年,第30页)此折虽理由牵强,但从把握时机之准,可见岑春煊表粗内细之一斑。

中枢不得不认真应付"天眷优渥"的岑春煊:

"东电已进呈,[1]前奉旨饬查举行乡试有无窒碍,系就地方情形而言。[2]至所需经费向有定章,并不甚多,虽库储支绌,尽可敷实撙节,不至无力筹办。向亦不借资民力,以此为言请展殊欠妥协。是否因教案繁多,议办需时,届期恐难兼顾,仍希体察情形应否展缓,妥筹具奏。枢。江。"[3]

军机处此电前半部分虽然暗示岑春煊未解旨意,但后半部分颇有"枢臣暗示,授之以方"的作用,而岑春煊亦是"一点就透"且反应迅速,他在接到军机处复电当日,即沿"暗示"路数拟定电稿,并又在当日寄往西安行在军机处:

"覆查晋省教案繁难,虽极力清厘,不过粗有眉目,乡试为抡才钜典,届时若兼顾未能周备,转失兴贤吁俊之心。仍拟恳请天恩,准将山西本年并科乡试展至下年,察看情形再行奏请并科举行,以重钜典。谨请

---

[1] 他人无此语。

[2] 暗指岑氏未解旨意。

[3] 《发山西巡抚岑春煊电》,光绪二十七年四月初三日(5月20日),中国第一历史档案馆编:《清代军机处电报档汇编》第2册《电寄谕旨档》,中国人民大学出版社,2005年影印版,第428—429页。

四、内外胶着：辛丑展期的中枢阻隔

代奏请旨。煊。初三日。"[1]

四月初四日（5月21日）军机处答复：

"江两电均悉……至展办乡试一事。现又有人奏称关碍大局，未便停缓，曾经寄谕请缓之两江、湖广各督抚详细体察复奏。晋省乡试应展缓之处，希再督同司道细加酌核，详晰声覆，专折具奏，以昭慎重。枢。支。"[2]

其中"专折具奏，以昭慎重"一语不仅是对岑春煊"莫再纠缠此事"的规劝，也侧面向岑春煊表达了朝廷对于"两江、湖广"颇有微词。此后岑春煊果然"缄口"，不过他的这番表现极大缓解了双方拉锯张力，稍解东南之围，"目的"已经达到，下一步就该轮到东南督抚出场了。

---

[1] 《收山西巡抚岑春煊电》，光绪二十七年四月初四日（5月21日）到，中国第一历史档案馆编：《清代军机处电报档汇编》第22册《电报档》，中国人民大学出版社，2005年影印版，第5—6页。

[2] 《致岑春煊电信》，光绪二十七年四月初四日（5月21日），中国第一历史档案馆编：《清代军机处电报档汇编》第2册《电寄谕旨档》，中国人民大学出版社，2005年影印版，第429页。

(五)"宥电"回复：督抚再欲弥缝，仍观江鄂脸色

首先发出的依旧是刘坤一复电，四月初六（5月23日）从南京发出，四月初七日（5月24日）抵达西安行在。从内容看，似乎仍是前电理由的重复；不过从措辞和语气上，明显感觉到了较前电强烈和沉重了许多：

"宥电旨及寄谕恭悉。目下京师未复，銮舆未回，人心惶惶，至今未定。[1]沿江一带，票匪众多，谋为不轨，无非以时局艰危，乘机煽惑。[2]上月上海、江宁等处纷传有匪徒私运炸药潜入江行之事，迭经严饬查拿，谣风迄未稍息。驻江宁各领事时以民心未靖，匪徒将定期起事为言，并欲借此调兵助我防守。坤一以各处票匪造谣生事，中国兵力足资弹压，不足为虑，一再

---

[1] 开门刘坤一即先声夺人，言下之意朝廷莫借口"开科"来定人心，人心若真正得定须待銮舆还京。
[2] 此处暗示朝廷不可再因循旧章，当思图振作以救时艰，否则只是治标，而无法治本。

四、内外胶着:辛丑展期的中枢阻隔

相告各领事,始无异议。

"今若于本年秋间举行乡试,上、下江考试约二万余人,加以服役及贸易人等,何止数万。省城骤增数万余人,其中良莠不一,票匪混迹,委员稽查难周。且江宁教堂林立,城外又泊有外洋兵轮,洋兵时复登岸游览,无从禁止,乡试士子大都年少书生,鲜知大计,设竞挟虚骄之气,藉忠愤之名,无知愚民哄而附和,祸机猝发,实属防不胜防。"

更为重要的是,"江南乡试自奉旨展缓后,既经分饬各属晓谕诸生,士心帖服,并无因停试绝望,稍生事端"。此语暗示朝廷出尔反尔,公信何在?"况京城贡院尚未修竣,明春恐难会试。各省士子于今秋中式举人后,仍须缓至后年方能会试,似今秋停试,明秋照常举行,与士子进身之阶并无关碍。坤一再三体察,所有来年江南乡试仍请展至明年秋间举行较为稳妥,请代奏。坤一。鱼。"[1]

此次踵随两江的不再是张之洞,由于山东巡抚袁

---

[1] 《收两江总督刘坤一电》,光绪二十七年四月初七日(5月24日)到,中国第一历史档案馆编:《清代军机处电报档汇编》第22册《电报档》,中国人民大学出版社,2005年影印版,第16—18页。

世凯急于辩白,径将两湖抛于脑后:

"宙。先后恭奉三月二十六日电旨并寄谕一道,伏读钦悚。科试大典,所以抡才取士,但能举行,曷敢渎请展缓。惟查山东毗连直境,人心未定,谣疑时多,亟须遇事详慎,以防意外之患。而近来交涉日益繁难,诸洋人、教士往来省垣,商办案件,络绎不绝,殊非克期所能清理。此间风气未开,民俗强悍,每届武试,最易滋事。如文武士子、商贩麇集一城,人数过众,防范难周,倘或稍生事端,而强敌逼处,伺隙寻衅,恐致牵动大局,自与咸同年间专办内地粤、捻诸匪时势不同。况闻京城贡院颇多残毁,亦非一时所能修竣,明春能否会试,尚难预料。似本届乡试,亦不在争早一年。谨据实覆陈,可否仍遵前旨,准其展缓之处,伏乞代奏请旨。"[1]

此四月初七日(5月24日)复电至少可说明两点:

第一,袁氏深恐得罪朝廷,故急于为己辩护:开头"伏读钦悚"四字,颇可想见其诚惶诚恐之态,与

---

[1]《山东巡抚袁世凯为人心未定请展缓举行乡试事致行在军机处电》,光绪二十七年四月初七日(5月24日)发,中国第一历史档案馆编:《义和团档案史料续编》下册,中华书局,1990年,第1056页。

四、内外胶着：辛丑展期的中枢阻隔

刘坤一直言无讳相较，两人格调之高下立见。[1]

第二，即使袁氏所说尽为实情，似未悉江、鄂展缓之真正用意，换句话说，袁氏此前踵随两江不过"附骥"而已。

四月十一日（5月28日）张之洞方起草完电稿，并在十二日发出以回复朝廷三月二十六日的"宥电"，措辞和语气则介于刘坤一与袁世凯之间：

"昨奉寄谕恭悉，但可开科亟愿举办。连日与司道及各绅筹商。查长江票匪勾结盐枭，意图大举报复。屡接江督电，该匪勾引外国流氓及前数年洋人美生案内之匪党，私运炸药入江。乱党注意尤在湖北，

---

[1] 清季政局走向与李鸿章、刘坤一、荣禄三人关系尤大。但自光绪二十七年（1901），三人接连西陨（光绪二十七年，李鸿章卒；光绪二十八年，刘坤一卒；光绪二十九年，荣禄卒）。深悉清季政局的陈夔龙在《梦蕉亭杂记》中即感慨：自荣禄殁后，"国运亦沦夷"。（陈夔龙：《梦蕉亭杂记》，北京古籍出版社，1985年，第46页）如果有人指责陈夔龙是"当局者迷"的话，那么作为"旁观者"的马士在其《中华帝国对外关系史》中亦持同样的观点："其后一年，在一九〇二年十月六日，比较伟大而坚毅的两江总督刘坤一也死了，享年七十四岁。湖南派因他的逝世，失去了它的公认领袖，正如安徽派因李鸿章的逝世失去了它的公认领袖一样。荣禄死于一九〇三年四月十一日，享年六十七岁。于是国事就听次一流的人物去办理了。"〔美〕马士：《中华帝国对外关系史》第3卷，上海书店出版社，2006年，第388—389页。

已经屡电上陈消息，至今未松。现正治军购线，严防密拿……英、法、德新来汉兵船今尚未去，今日又有奥船三艘来汉，共泊兵船十艘，从来所无。各处遣撤兵勇纷纷过汉，极力防查，深为悬心，以后散勇过著，必更加多，看此情形，今秋势难举行乡闱。

"询据省城各绅，皆云'先保身家性命，而后可讲功名'……且英参赞来言欲阻京城明年会试、廷试，当经电奏，尚不知全权如何开导筹议？设会试尚未定议，今年新中举人明春仍无会场可进。然则明秋乡试与今秋乡试相同，迟早似不争一年。仰恳朝廷俯鉴鄂省江防紧要情形，仍准展至明秋乡试。请代奏。真。"[1]

根据目前掌握的资料，张之洞在此次草拟复电电稿期间，并没有与刘坤一等人沟通的迹象。直到张之洞复电拟就之后发出的当日（四月十二日，5月29日），方接到刘坤一"文电"（十二日电），具体商讨下一步

---

[1]《致西安行在军机处》，光绪二十七年四月十二日（5月29日）子刻发，张之洞著，苑书义等主编：《张之洞全集》第3册《电奏》，河北人民出版社，1998年，第2216页。

四、内外胶着:辛丑展期的中枢阻隔

行动计划,张之洞随即于十三日复电。[1]两人此时都已经意识到:此次回复因为依旧使用"寻常词藻"(其实"寻常词藻"所示时局并不寻常),恐怕难以说服朝廷展期,换句话说,朝廷绝不肯就此罢休,还会以其他方式向东南督抚施压。如果再等到那个时候,处境会更加被动,"展期之议"也很可能化为泡影,进而累及"改科大计"。于是,两人决定主动出击,于四月十六日共同致电西安行在,向中枢挑明汲汲于"展期"的真正用意。

---

[1] 《致江宁刘制台》,光绪二十七年四月十三日(5月30日)未刻发,张之洞著,苑书义等主编:《张之洞全集》第10册《电牍》,河北人民出版社,1998年,第8586—8587页。

五、开遮心迹:辛丑展期的督抚促成

(一)江楚会商,最终"摊牌"

光绪二十七年四月十三日(5月30日),张之洞复电刘坤一,两人都认为无论如何"今年江、鄂乡试"不能举办,至于下一步怎样说服朝廷,"拟先将科举变法一节奏请明谕,暂缓今年乡试":

"文电悉。今年江、鄂乡试万难举办。尊意拟先将科举变法一节奏请明谕,暂缓今年乡试,俾各士子磨砺以须,洵为定士心之善策。惟变法该科举章程,鄙意此次覆奏,只能仿戊戌年敝处所奏已奉旨允准办法……此事已经礼部行文,请尊处查案可悉。但须声

五、开遮心迹:辛丑展期的督抚促成

明,二场但试各国政治学、地理、史事、武备、算学及绘图学、格致学、工商学大义等事,其专门艺学,如声、光、化、电之类,仓猝不能通晓,且试卷只能空言其理,非场内所能考验……原奏本意系令考生说其大意,为引人入胜之资,并非携器试验。今略加删改,以冀易准……惟科举究应如何更改,敝处三年原奏应否量加更定,统请尊处裁酌拟稿,电示敝处。当即商酌妥协,仍请尊处挈衔电奏,盼幸。元。"[1]

四月十五日(6月1日),刘坤一复电至,表示完全赞同张之洞"仿戊戌年敝处所奏已奉旨允准办法"的思路:

"变科举法,即照台旨挈衔电奏,简捷为妙,无烦再商。坤。合。"[2]

四月十六日(6月2日)张之洞再次致电刘坤一,请刘坤一修改自己起草的电奏,并敦请由刘坤一领衔

---

[1] 《致江宁刘制台》,光绪二十七年四月十三日(5月30日)未刻发,张之洞著,苑书义等主编:《张之洞全集》第10册《电牍》,河北人民出版社,1998年,第8586—8587页。

[2] 《刘制台来电》,光绪二十七年四月十五日(6月1日)戌刻到,张之洞著,苑书义等主编:《张之洞全集》第10册《电牍》,河北人民出版社,1998年,第8587页。

发出：

"拟电奏云云，请公酌核，删改增添均可。酌定，即由宁发，不必再商。并请尊处电枢，五月初一万不宜放云、贵主考，陕距云、贵近，缓旬日亦可。至要。覆稿三日内必寄上。谏。"[1]

接到张之洞奏稿后，刘坤一只稍加改动，将结尾"则士心自定"两语，易为"多士知所向往，益可安心肄业"十二字，[2] 更加突出致力"展期"用意，并于四月十六日（6月2日）亥刻，把江、楚联名的电奏由南京发往西安：

"江、鄂今秋乡试万难举办，已由电覆奏。闻山东、湖南亦请展缓，顺天、山西尤多阻格。窃思科举一事为自强求才之首务，时局艰危至此，断不能不酌量变通……坤一等复奏即日详陈，拟按照光绪二十四年之

---

[1]《致江宁刘制台》，光绪二十七年四月十六日（6月2日）亥刻发，张之洞著，苑书义等主编：《张之洞全集》第10册《电牍》，河北人民出版社，1998年，第8587页。

[2]《刘制台来电》，光绪二十七年四月十八日（6月4日）子刻到，张之洞著，苑书义等主编：《张之洞全集》第10册《电牍》，河北人民出版社，1998年，第8587页。刘坤一在给张之洞的电牍中还提到："谏电悉，大稿极佩……现已电发，并会电枢。科举必须改章，拟请旨先行揭明宗旨，俾多士有所凭依，已另电具奏。"

五、开遮心迹:辛丑展期的督抚促成

洞所奏变通科举奉旨允准之案酌办。原奏乃参酌古今,求实崇正,力驳侈谈新学者之谬论。不过原本旧章,力求核实而已。大略系三场,各有去取,以期由粗入精。头场试中国政治、史事,二场试各国政治、地理、武备、农、工、算、法之类,三场试四书、五经经义……此事究应如何酌改,自应听候朝廷饬议裁定。总之,今日中外大势,科举不改章,势有不能。然改章之始,士林必须宽期肄习,拟请旨先行宣谕。现正议科举改章,讲求有用之学,仍必崇尚五经、四书,所有展缓乡试省份士子,正可藉此一年之暇,精心讲求,俾临试时得以尽其所长,则多士知所向往,益可安心肄业,不致悬盼疑阻。惟科举要政,当必俟各省奏到,详核妥议。此次谕旨可否浑言大略,但将讲求实学、不废经书之宗旨揭明,其详细章程俟定议后,再行颁谕通行,则诸事皆无窒碍。愚昧之见,是否有当,伏俟圣裁。请代奏。刘坤一、张之洞同肃。谏。"[1]

---

[1] 《致西安行在军机处》,光绪二十七年四月十六日(6月2日)亥刻发,张之洞著,苑书义等主编:《张之洞全集》第3册《电奏》,河北人民出版社,1998年,第2216—2217页。据军机处电报档可知,该折于十九日(6月5日)到达西安行在。中国第一历史档案馆编:《清代军机处电报档汇编》第22册《电报档》,中国人民大学出版社,

从"江、鄂今秋乡试万难举办",过渡到"今日中外大势,科举不改章,势有不能",再过渡到所需必要条件"然改章之始,士林必须宽期肄习",此电奏刘坤一、张之洞二人向朝廷尽露其展期之"苦心孤诣",其中"所有展缓乡试省份士子,正可藉此一年之暇,精心讲求,俾临试时得以尽其所长,则多士知所向往,益可安心肄业"一句可谓揭橥了此番"竭力请展"之精义。随后两人所上的"江楚会奏三折"第一折即以此为先声和蓝本,即该电奏中"坤一等复奏即日详陈"之所指。

刘、张二人在此电奏中直言不讳"拟按照光绪二十四年之洞所奏变通科举奉旨允准之案酌办",这也从侧面说明"戊戌政变"的症结是"政争"(权力之争),而非"治争"(改革内容之争)。刘坤一在戊戌变法期间并未条陈有关科举改革的奏折,[1] 此电奏中的改

2005年影印版,第78—80页。

[1] 检戊戌变法期间奏议,并无刘坤一改科之折,而有张之洞与陈宝箴光绪二十四年五月十六日会奏《妥议科举新章折》,该戊戌折与此辛丑电奏内容极为相似。中国史学会主编:"中国近代史资料丛刊"《戊戌变法》第2册,上海人民出版社、上海书店出版社,2000年影印版,第466—469页。

五、开遮心迹：辛丑展期的督抚促成

科之法实导源于戊戌年张之洞、陈宝箴会奏的"妥议科举新章折"，由此亦可知该电奏虽为"辛丑刘坤一领衔"，却是"戊戌张之洞语气"。

（二）尘埃落定，不免余憾

光绪二十七年四月二十二日（6月8日），朝廷终于又一次"重复"颁下了几乎胎死腹中的"展期"谕旨——前已下旨允诺，复事后反悔，经一番辩驳，现在不得不重新下发谕旨再次确认：

"奉旨（分电江南、两湖、闽浙、江西、山东、四川），江南等省奏展乡试，均著仍准展缓至明年秋间举行。钦此。"[1]

消息灵通的《申报》三日后对此评论道：

"去岁拳匪事起，外人要约指明闹教之处停试五年，继而朝廷允疆臣之请，各省乡试一律展缓一年，此即变通科举之机也。凡事得机则成，失机则败，于

---

[1]《奉旨江南等省乡试著准展至明年秋间事》，光绪二十七年四月二十二日（6月8日），中国第一历史档案馆编：《清代军机处电报档汇编》第2册《电寄谕旨档》，中国人民大学出版社，2005年影印版，第440页。

此而展缓试期，未始非计之善。乃犹有以照常乡试请者，未免不识世务，不顾大局矣！"[1]

与上次分省颁发谕旨不同，这次为合省颁发，对于东南督抚来说，虽说几经周折最终达到了预期，不免还是留下了一点遗憾。因为就在四月十六日（6月2日）张之洞在请刘坤一修改奏稿的电报中曾专门叮嘱刘坤一：

"并请尊处电枢，五月初一万不宜放云、贵主考，陕距云、贵近，缓旬日亦可。至要。"[2]

张之洞原意是将云、贵等省的乡试亦纳入到"东南展期"计划中，使科举改革更早地普及更多的省份，无奈西安行在甚至不待正常简放云、贵主考的五月初一日，[3] 竟于四月二十六日提前简放。[4]

---

[1] 《论展缓乡试之善》，《申报》第68册，光绪二十七年四月二十五日（6月11日），上海书店出版社，1985年影印版，第247页。

[2] 《致江宁刘制台》，光绪二十七年四月十六日（6月2日）亥刻发，张之洞著，苑书义等主编：《张之洞全集》第10册《电牍》，河北人民出版社，1998年，第8587页。

[3] 清廷简放各省乡试主考，根据距京远近通常分为六个批次简放，云南、贵州被安排在第一批，时间为五月初一日。继昌：《行素斋杂记》卷下，上海书店，1984年影印版，第31页。

[4] 据钱实甫编：《清代职官年表》第4册，中华书局，1980年，第2991页。

五、开遮心迹:辛丑展期的督抚促成

当光绪二十七年八月八日(1901年9月20日),贵州乡试副考官华学澜将印好的四千一百余张题纸交予外帘发给考生时,考生看到的依旧是"四书义三、五言八韵诗一",诗题为"寒山远水江村暮"。[1]

这句出自北宋国变之际喻汝砺咏贵州锦屏山的绝句,颇有时局的象征意味,至于是考官的信手拈得,抑或是"忧坠之感"的自然流露,便不得而知了。[2]

---

[1] 华学澜:《辛丑日记》,光绪二十七年八月八日,商务印书馆,1936年,第122页。当年按旧章开考的计有云南、贵州、广东、广西、甘肃五省。

[2] 五年后的1906年,华学澜即病逝,年仅47岁,从其存世的《庚子日记》和《辛丑日记》可以看出,"庚辛之变"对其身心打击颇大。清季多事,加之传统士大夫多有"国身通一"之寄寓,这无疑会影响到其心绪,进而影响其寿命。以状元这一科举翘楚群体作一寿命统计,亦可以在一定程度上窥探清代自入关后260余年世事兴替及国运变迁之轨迹。清代114名状元中,目前有69人寿命可查,平均寿命为62.9岁(据宋元强:《清朝的状元》,吉林文史出版社,1992年,第52—104页):
顺治朝:10人,6人可查,平均52.5岁;
康熙朝:21人,11人可查,平均63.9岁;
雍正朝:5人,3人可查,平均70.7岁;
乾隆朝:27人,17人可查,平均63.3岁;
嘉庆朝:12人,8人可查,平均61.1岁;
道光朝:15人,10人可查,平均67.9岁;
咸丰、同治朝:11人,6人可查,平均66.8岁;
光绪朝:13人,8人可查,平均57.8岁。

清季科举的展期与停试

将以上数据转化为图表,可得到一条近似"马鞍形"的曲线:

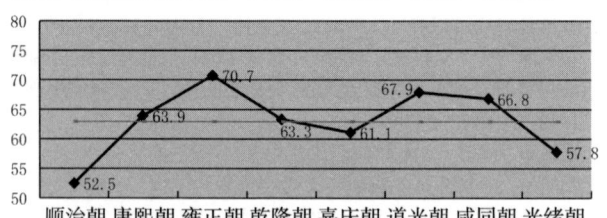

夏仁虎就隐约感觉到:"光绪一朝,所取状元皆不得意……迨科举将废之先兆欤?"枝巢子著,何凡校点:《旧京琐记》卷六,纯文学出版社,1972年,第60页。

参考资料

[1]《清世祖实录》,《清实录》第 3 册,中华书局,1985 年影印版。

[2]《清圣祖实录》,《清实录》第 4 册,中华书局,1985 年影印版。

[3]《清世宗实录》,《清实录》第 7 册,中华书局,1985 年影印版。

[4]《清高宗实录》,《清实录》第 11 册,中华书局,1985 年影印版。

[5]《清仁宗实录》,《清实录》第 31 册,中华书局,1986 年影印版。

[6]《清宣宗实录》,《清实录》第 33 册,中华书局,1986 年影印版。

[7]《清文宗实录》,《清实录》第 44 册,中华书局,

1987年影印版。

[8]《清德宗实录》，《清实录》第55册，中华书局，1987年影印版。

[9]《申报》，上海书店出版社，1985年影印版。

[10] 陈夔龙:《梦蕉亭杂记》，北京古籍出版社，1985年。

[11] 法式善:《槐厅载笔》，沈云龙主编:"近代中国史料丛刊"第32辑第315册，文海出版社，1969年影印版。

[12] 福格撰，汪北平点校:《听雨丛谈》，中华书局，2007年。

[13] 高枏:《高枏日记》，中国社会科学院近代史研究所近代史资料编辑室编:《庚子记事》，中华书局，1978年。

[14] 故宫博物院明清档案部编:《义和团档案史料》，中华书局，1979年。

[15] 郭廷以编著:《近代中国史事日志》，中华书局，1987年影印版。

[16] 洪迈:《容斋诗话》，中华书局编辑部编:"丛书集成初编"第526册，中华书局，2011年影印版。

参考资料

[17] 洪迈撰,何卓点校:《夷坚志》,中华书局,2006年。

[18] 胡滨译,丁名楠、余绳武校:《英国蓝皮书有关义和团运动资料选译》,中华书局,1980年。

[19] 华学澜:《辛丑日记》,商务印书馆,1936年。

[20] 继昌:《行素斋杂记》,上海书店,1984年影印版。

[21] 礼部纂辑:《钦定科场条例》,沈云龙主编:"近代中国史料丛刊三编"第48辑第471—480册,文海出版社,1989年影印版。

[22] 李鸿章著,顾廷龙、戴逸主编:《李鸿章全集》,安徽教育出版社,2008年。

[23] 李心传撰,徐规点校:《建炎以来朝野杂记》,中华书局,2000年。

[24] 梁维枢:《玉剑尊闻》,四库全书存目丛书编纂委员会编:"四库全书存目丛书"子部第244册,齐鲁书社,1995年影印版。

[25] 林传甲撰,况正兵、解旬灵整理:《林传甲日记》,中华书局,2014年。

[26] 刘厚生:《张謇传记》,上海书店,1985年影印版。

[27] 刘坤一著,中国科学院历史研究所第三所工具

书组校点:《刘坤一遗集》,中华书局,1959年。
[28] 刘禺生撰,钱实甫点校:《世载堂杂忆》,中华书局,1997年。
[29] 吕浦、张振鹍等编译:《"黄祸论"历史资料选辑》,中国社会科学出版社,1979年。
[30] 那桐著,北京市档案馆编:《那桐日记》,新华出版社,2006年。
[31] 彭定求等编:《全唐诗》,中华书局,1980年。
[32] 钱大昕:《十驾斋养新录》,上海书店,1983年影印版。
[33] 钱实甫编:《清代职官年表》,中华书局,1980年。
[34] 钱仪吉纂,靳斯标点:《碑传集》,中华书局,2008年。
[35] 商衍鎏:《清代科举考试述录及有关著作》,百花文艺出版社,2004年。
[36] 沈作喆:《寓简(附录)》,中华书局编辑部编:"丛书集成初编"第68册,中华书局,2011年影印版。
[37] 宋元强:《清朝的状元》,吉林文史出版社,1992年。

[38] 万青黎、周家楣修,张之洞、缪荃孙纂:《光绪顺天府志》,上海书店出版社编:《中国地方志集成·北京府县志辑》,上海书店出版社,2002年影印版。

[39] 汪琬著,李圣华笺校:《汪琬全集笺校》,人民文学出版社,2010年。

[40] 王国维著,彭林整理:《观堂集林(外二种)》,河北教育出版社,2003年。

[41] 王清任撰,陕西省中医研究院注释:《医林改错注释》,人民卫生出版社,1985年。

[42] 王庆云著,王湜华点校:《石渠余纪》,北京古籍出版社,1985年。

[43] 王士禛撰,靳斯仁点校:《池北偶谈》,中华书局,1982年。

[44] 王彦威辑,王亮编:《清季外交史料》,文海出版社,1988年影印版。

[45] 翁同龢著,翁万戈编,翁以钧校订:《翁同龢日记》,中西书局,2012年。

[46] 吴承明:《中国的现代化:市场与社会》,生活·读书·新知三联书店,2001年。

［47］ 吴庆坻撰，刘承幹校，张文其、刘德麟点校:《蕉廊脞录》，中华书局，1990年。

［48］ 吴永口述，刘治襄记:《庚子西狩丛谈》，岳麓书社，1985年。

［49］ 吴振棫撰，童正伦点校:《养吉斋丛录》，中华书局，2005年。

［50］ 徐一士:《一士谭荟》，荣孟源、章伯锋主编:《近代稗海》第2辑，四川人民出版社，1985年。

［51］ 杨典诰:《庚子大事记》，中国社会科学院近代史研究所近代史资料编辑室编:《庚子记事》，中华书局，1978年。

［52］ 叶昌炽著，王季烈编:《缘督庐日记》，北京图书馆出版社，2007年影印版。

［53］ 佚名:《庸扰录》，中国社会科学院近代史研究所近代史资料编辑室编:《庚子记事》，中华书局，1978年。

［54］ 于敏中等编纂:《日下旧闻考》，北京古籍出版社，1981年。

［55］ 袁世凯著，廖一中、罗真容整理:《袁世凯奏议》，天津古籍出版社，1987年。

[56] 原北平市政府秘书处编:《旧都文物略》,书目文献出版社,1986年。

[57] 张百熙著,谭承耕、李龙如校点:《张百熙集》,岳麓书社,2008年。

[58] 张之洞著,苑书义等主编:《张之洞全集》,河北人民出版社,1998年。

[59] 章中如:《清代考试制度》,黎明书局,1932年。

[60] 赵翼撰,曹光甫校点:《陔余丛考》,上海古籍出版社,2011年。

[61] 震钧:《天咫偶闻》,北京古籍出版社,1982年。

[62] 枝巢子著,何凡校点:《旧京琐记》,纯文学出版社,1972年。

[63] 中国第二历史档案馆、中国社会科学院近代史研究所合编:《中国海关密档——赫德、金登干函电汇编(1874—1907)》第6卷,中华书局,1995年。

[64] 中国第一历史档案馆编:《清代军机处电报档汇编》,中国人民大学出版社,2005年影印版。

[65] 中国第一历史档案馆编:《义和团档案史料续编》,中华书局,1990年。

[66] 中国近代经济史资料丛刊编辑委员会主编:《中国海关与义和团运动》,中华书局,1983年。

[67] 中国史学会主编:"中国近代史料丛刊"《义和团》,上海人民出版社、上海书店出版社,2000年影印版。

[68] 中国史学会主编:"中国近代史资料丛刊"《戊戌变法》,上海人民出版社、上海书店出版社,2000年影印版。

[69] 朱国祯撰,王根林校点:《涌幢小品》,上海古籍出版社,2012年。

[70] 朱寿朋编,张静庐等校点:《光绪朝东华录》,中华书局,1958年。

[71] 〔法〕李明著,郭强、龙云、李伟译:《中国近事报道(1687—1692)》,大象出版社,2004年。

[72] 〔美〕丁韪良著,沈弘等译:《汉学菁华:中国人的精神世界及其影响力》,世界图书出版公司北京公司,2010年。

[73] 〔美〕卢汉超:《赫德传》,上海人民出版社,1986年。

[74] 〔美〕马士:《中华帝国对外关系史》,上海书店

出版社，2006年。

[75] 〔日〕箭内亘著，陈捷、陈清泉译:《兀良哈及鞑靼考》，山西人民出版社，2015年影印版。

[76] 〔意〕阿德里亚诺·马达罗著，项佳谷译:《1900年的北京》，东方出版社，2006年。

[77] 曹冀音:《〈高枬日记〉中庚子年间北京私人气象记录及其价值》，《北京档案史料》2002年第4期。

[78] 何忠礼:《二十世纪的中国科举制度史研究》，《历史研究》2000年第6期。

[79] 李世愉:《试论自然灾害对清代科举制度的影响》，赫治清主编:《中国古代灾害史研究》，中国社会科学出版社，2007年。

[80] 王立新:《咸同年间文闱停科问题考订》，《近代史研究》2016年第5期。

[81] 岳超:《庚子—辛丑随銮纪实》，中国人民政治协商会议全国委员会文史资料研究委员会编:《晚清宫廷生活见闻》，文史资料出版社，1982年。